# Cynnwys

# Rhagair

DYCHMYGWCH:
Sefyll mewn bar, a rhywun yn dod lan atoch gyda'r geirie 'Dwi 'di gweld ti o gwmpas, ma gwallt ti'n eitha cŵl, ie, ma gwallt ti'n eitha cŵl.' PRIODWCH FI!

Braint ac anrhydedd ydy teipio'r geirie yma, i'ch croesawu yn swyddogol i (Flwydd) Lyfr Mawr y Plant (swnllyd).

Chi'n gwbod eich stwff. Chi'n gwbod bod 'na gymaint o gerddoriaeth gwych wedi ei greu yn ein gwlad hyfryd ni yn ddiweddar. Bands (o bob math). Electronica (o bob math). Cantorion unigol yn rhoi eu geiriau ar gân, ac yn gwneud i ni deimlo'r holl deimladau.

Mae'r sin yn iach ac yn ddifyr achos y cerddorion, yr hyrwyddwyr, y labeli a'r rhaglenni, y cynhyrchwyr, y rheolwyr, y bobl sain a'r teuluoedd sy'n cefnogi. Ac mae pob elfen yma o'r sin yn cwympo'n deilchion heb gefnogaeth y llall.

Felly darllenwch a dathlwch, diolchwch am y gân.

Mae jyst yn biti nad yw hwn yn llyfr *scratch 'n' sniff*.

**HUW STEPHENS**

# Blwyddyn mewn bwledi

**GOLWG GRYNO AR Y FLWYDDYN A FU...**

Mae blwyddyn yn amser hir mewn cerddoriaeth, yn enwedig pan mae pethau mor fywiog ag y maent i'r sin Gymraeg ar hyn o bryd! I'ch atgoffa chi o'r hyn sydd wedi digwydd dros y flwyddyn ddiwethaf, dyma gipolwg yn ôl ar brif ddigwyddiadau cerddorol y flwyddyn a fu...

## RHAGFYR 2016

- Cyhoeddi rhestr hir Gwobrau'r Selar 2017.
- Parti Nadolig Twrw gyda Swnami, Mellt a Ffracas.
- Band Pres Llareggub, Candelas ac Yr Eira yn Neuadd Ogwen.
- Griff Lynch yn perfformio yn y Sunken Hundred yn Efrog Newydd.
- Cannoedd yn heidio i ddau gìg Nadolig Neuadd y Farchnad Caernarfon gyda Swnami, Candelas, Fleur de Lys, Yws Gwynedd a Topper ymysg yr artistiaid.

## IONAWR 2017

- Gìg lansio swyddogol EP Cpt Smith yn Y Parot, Caerfyrddin (er ei bod hi allan ers misoedd!).
- Alys Williams yn perfformio yn Neuadd Llangywer.
- Rhyddhau sengl gyntaf Panda Fight.
- Cynnal y gìg mwyaf yn Llanbed ers blynyddoedd gyda channoedd yn heidio i Neuadd Fictoria i weld Candelas, Cpt Smith ac Argrph.
- Cyhoeddi Geraint Jarman fel enillydd Gwobr Cyfraniad Arbennig Gwobrau'r Selar.

# CAM '17

...ybr Llaethog | Elin Meredydd | Kemper Norton | Kayla Painter
...orgia Ruth | Bob Gelsthorpe | Jobina Tinnemans | Cymru Beats
Krissy Jenkins | Machynlleth Sound Machine | Recordiau Neb
Gareth Potter | Dr Juliet Davis | Neil Sinclair

08/04 (1pm-1am) - Mischief's | Sunflower & I | Octavo's

## CHWEFROR 2017

- Dydd Miwsig Cymru.
- Lansio prosiect Wicipop i gael mwy o gynnwys cerddoriaeth Gymraeg ar Wicipedia.
- Gìg ymgyrch Pantycelyn yn y Llew Du, Aberystwyth gyda Mosco, Mellt a Los Blancos.
- Gwobrau'r Selar yn Aberystwyth.
- Gìg fawr Twrw gydag Eden yn perfformio. Eädyth a DJ Ian Cottrell yn cefnogi yng Nghlwb Ifor Bach.

## MAWRTH 2017

- Taith Plu yn Ne America.
- Rowndiau rhagbrofol Brwydr y Bandiau yng Nghaerdydd, Caernarfon ac Aberystwyth.
- Chroma yn ennill gwobr Artist Newydd Gorau yng Ngwobrau Cerddoriaeth Caerdydd.
- Gwibdaith gigs Gwilym Bowen Rhys yn Ffrainc dros benwythnos ymweliad Chwe Gwlad Cymru.
- Perfformiad olaf (efallai...) Datblygu yng Ngŵyl Psylence ym Mangor.
- Daniel Lloyd a Mr Pinc yn ailffurfio gyda gìg yn Saith Seren, Wrecsam.

## EBRILL 2017

- Rhyddhau EP *Sws Olaf* gan Messrs, prosiect newydd Mark Cyrff, John Llwybr Llaethog a Dave Datblygu.
- Tocynnau Tregaroc a Gìg y Pafiliwn yn y Steddfod yn gwerthu allan.
- Fideo sengl 'Ta ta Tata' gan Geraint Rhys yn ymddangos yn ecsgliwsif ar wefan Y Selar.
- Gŵyl Pesda Roc ym Methesda, Rwbal Wicendar ym Mlaenau Ffestiniog a CAM 17 yng Nghaerdydd.
- Rhyddhau EPs Lastigband ac Ani Glass, a sengl ddwbl HMS Morris.
- Protestiadau'n erbyn cynlluniau i ddatblygu Stryd y Fuwch Goch yng Nghaerdydd, oedd yn bygwth dyfodol Clwb Ifor Bach a lleoliadau eraill y stryd.
- Lansio ail albwm Yws Gwynedd, *Anrheoli*, gyda gìg yn Pontio, Bangor.

## MAI 2017

- Gŵyl Focus Wales yn Wrecsam.
- Twrw Trwy'r Dydd yng Nghlwb Ifor Bach gyda Cowbois Rhos Botwnnog, HMS Morris, Los Blancos, Adwaith a Glain Rhys.
- Wythnos o gerddoriaeth fyw ar lwyfan perfformio Eisteddfod yr Urdd, Penybont gyda Swnami yn hedleinio gìg clo'r Steddfod.
- Fideo 'Rhedeg i Paris' gan Candelas yn croesi'r 100,000 o wylwyr ar YouTube.
- Kizzy Crawford ar daith 'Welcome to my City'.

## MEHEFIN 2017

- Rhyddhau albwm cyntaf Yr Eira, *Toddi*, ac albwm cyntaf Patrobas, *Lle Awn Ni Nesa'?*.
- Rhyddhau EPs cyntaf Cadno a Bethan Mair.
- Gŵyl Maldwyn yn y Cann Office gyda Swnami a Dafydd Iwan yn brif atyniadau.
- Gŵyl Fach y Fro yn Y Barri, a Ffiliffest yng Nghaerffili.
- Ymddangosiad cyntaf Serol Serol gyda'r sengl 'Cadwyni'.
- Rhyddhau sengl newydd Candelas, 'Ddoe, Heddiw a Fory'.
- Ffrydio perfformiad byw o albwm newydd Mr Phormula, *Llais*.

## GORFFENNAF 2017

- Gŵyl Arall yng Nghaernarfon.
- Rhyddhau 'tiwn yr haf' yn ôl nifer, sef 'Aros o Gwmpas' gan Omaloma.
- Rhyddhau albwm Calfari yn ddigidol.
- Rhyddhau EP cyntaf Hyll ar label JigCal.
- Gai Toms yn lansio'i albwm diweddaraf, *Gwalia*, yn Sesiwn Fawr Dolgellau.
- Dadl 'Gìg Pŵer Genod' cyn yr Eisteddfod Genedlaethol yn corddi.
- Taith hyrwyddo albwm Patrobas.
- Label Vinyl on Demand o'r Almaen yn rhyddhau casgliad Malcolm Neon.

## AWST 2017

- Rhyddhau EP newydd Ffracas – *Mae'r nos yn glos ond does dim ffos rhyngtha ni*.
- Panda Fight yn newid eu henw i Celwyddau.
- Plant Duw yn atgyfodi ar gyfer gìg nos Sadwrn olaf Cymdeithas yr Iaith yn Steddfod.

SESIWN FAWR DOLGELLAU
GORFFENNAF 21–23 JULY, 2017

- Torf fwyaf erioed Maes B yn gìg Yws Gwynedd ar y nos Sadwrn.
- Alffa yn cipio teitl Brwydr y Bandiau.
- Bendith yn cipio teitl Albwm Cymraeg y Flwyddyn.
- Rhyddhau sengl newydd Sŵnami 'Dihoeni', gyda llais Greta Isaac.
- Lansio podlediad newydd 'Y Sôn' gan griw blog Sôn am y Sin.
- Cân Pasta Hull yn cythruddo ffans Bryn Fôn.

### MEDI 2017

- Gŵyl Rhif 6 ym Mhortmeirion.
- Gìg ola Yws Gwynedd (...efallai) yn Neuadd Buddug, Y Bala.
- Mei Emrys yn rhyddhau ei albwm unigol cyntaf, *Llwch*.
- Gŵyl Ha' Bach y Fic yn Llithfaen.
- Calan yn dechrau eu taith i UDA, China, Portiwgal, Gwlad y Basg, Lloegr a Denmarc.

### HYDREF 2017

- Rhyddhau albwm cyntaf Oshh, sef Osian Howells (Yr Ods).
- Gìg Twrw + Femme yng Nghlwb Ifor Bach gydag Adwaith, Marged, Serol Serol (eu gìg gyntaf), DJ Gwenno a Patblygu.
- Gŵyl Sŵn ac *Adfeilion/Ruins* gan The Gentle Good yn ennill y Wobr Gerddoriaeth Gymreig.
- Rhyddhau albwm cyntaf Pasta Hull.
- Gìg lansio ail albwm Y Niwl, *5*, yn Pontio, Bangor gydag Omaloma, Pasta Hull a Ffracas.
- Taith Electro Cymru gyda Ffenestri, Celwyddau a DJ Gareth Potter.

### TACHWEDD 2017

- Band Pres Llareggub yn perfformio yng Nghanolfan Cymry Llundain.
- Rhyddhau albwm diweddaraf Euros Childs, *House Arrest*.
- 'Recordiau Neb yn cyflwyno gìg 'Un' i ddathlu pen-blwydd y label.
- Cyhoeddi *Llyfr Y Selar*!
- Rhyddhau albwm cyntaf Casset.

### RHAGFYR 2017

- Rhyddhau trydydd albwm Band Pres Llareggub – *LLAREGGUB*.
- Rhyddhau albwm cyntaf Y Cledrau, *Peiriant Ateb*.
- Gìg gwrth-hiliaeth yn Pontio, Bangor.
- Agor pleidlais Gwobrau'r Selar.

# Yws Gwynedd – Bing, y band a Bob Monkhouse

Rhyddhau ail albwm, hedleinio Gìg Y Pafiliwn, a denu'r dorf fwyaf erioed i Faes B ar nos Sadwrn olaf Eisteddfod Môn. Taflwch gwpl o Wobrau'r Selar i mewn i'r gymysgedd, ac mae'n anodd dadlau gyda'r ffaith y bu'n glamp o flwyddyn i Yws Gwynedd. Cyn hyn oll, wrth iddo baratoi i ryddhau yr albwm newydd, *Anrheoli*, fe lwyddodd **Lois Gwenllian** i ddal Yws am sgwrs arbennig gydag *Y Selar*.

Ar gyfer ei albwm *Codi /\ Cysgu* (2014), menter unigol fu'r broses gyfansoddi i Yws Gwynedd ar y cyfan. "Rhoi 'nhroed yn y dŵr yn ôl ydw i ar hyn o bryd, a gweld be ma pobl yn feddwl." Dyna ddywedodd y canwr o Flaenau Ffestiniog wrth Golwg 360 yn dilyn ei sesiwn unigol gyntaf, ar raglen Lisa Gwilym dros dair blynedd yn ôl, ym mis Hydref 2013.

Yr adeg hynny, prin y byddai Yws wedi coelio'r llwyddiant a ddaeth yn sgil yr albwm. Enillodd genhedlaeth o ffans newydd, plesiodd gannoedd a fu'n awchu am flas arall ar drac sain eu llencyndod – Frizbee – a chipio'r tair prif wobr yng Ngwobrau'r Selar 2015 am y gân orau,

LLUNIAU: KRISTINA BANHOLZER

y record hir orau a'r artist unigol gorau. Sut felly mae rhywun yn mynd ati i greu ail record, ar ôl cystal llwyddiant? Cefais i sgwrs sydyn efo Yws am yr ail albwm hirddisgwyliedig.

"Sori, mae hyn yn digwydd weithia," meddai Yws. Cyfeirio mae o at y llinell ffôn wael rhyngom, roeddwn i'n ei glywed o, ond doedd o ddim yn fy nghlywed i. Felly, troi at FaceTime wnaethon ni. Gyda thap ar y cylchyn bach gwyrdd, roeddwn i yn y fideo ar gyfer 'Sgrin', yn siarad gydag Yws a'i wyneb yn ffrâm ddu'r teclyn symudol.

'Sgrin' ydy'r gân gyntaf i'w rhyddhau oddi ar yr albwm newydd. Ffrwyth sesiwn recordio o fis Ebrill y llynedd yw'r gân, medd Yws. "Aethon ni i Stiwdio Bing, lle 'naethon ni sgwennu pedair cân mewn tri diwrnod."

Dyma oedd y cyntaf o dair sesiwn pan wnaeth y band gyfansoddi gyda'i gilydd. Gofynnais i Yws ai dyna oedd y nod ar gyfer yr albwm, cyfansoddi fel band. "Ia, dyna oedd y nod. Yn Bing, roeddan

ni'n eitha llwyddiannus efo be oedden ni wedi'i sgwennu, felly 'naethon ni benderfynu ei gario fo mlaen."

Hyd yn oed cyn ei ddyddiau fel artist unigol, roedd Yws yn cyfansoddi ar ei ben ei hun. Felly, pa mor wahanol ydy cyfansoddi fel band?

"Mae 'na lai o bwysau arnaf fi, sy'n neis! Os faswn i'n ei sgwennu o [yr albwm] ar ben fy hun rŵan, dwi'n meddwl faswn i'n canolbwyntio gormod ar drio gwneud rhywbeth cŵl. Mae'r hogia'n cydnabod pa mor bwysig ydy'r tiwns hefyd."

Yr hogia ydy Rich Roberts, Emyr Prys Davies ac Ifan Sion Davies, a nhw sydd wedi bod yn rhannu'r llwyfan efo Yws ers iddo fo ailgydio yn ei gitâr. O deithio Cymru benbaladr fel pedwarawd am ddwy flynedd, mae'n siŵr fod clustiau'r hogia wedi'u tiwnio i sŵn nodweddiadol Yws, ac felly dylai'r gerddoriaeth ddod yn naturiol.

"O'dd Rich yn deud faswn i *probably* byth yn sgwennu 'Sebona Fi' eto, achos fyswn i'n fforsho fy hun i beidio, ac maen

Rich

Emyr

nhw'n poeni na fysan ni'n gwneud fatha pedwar hefyd. 'Dan ni'n ymwybodol o be 'dan ni'n ei neud. Mae'n broses naturiol, ond 'dan ni hefyd yn trio sgwennu petha poblogaidd."

## Cydgyfansoddi

Beth ydy'r broses felly, meddyliais. Gofynnais i Yws ddweud ychydig wrtha i am sut aethon nhw ati i ysgrifennu'r albwm.

"Be sy'n ddiddorol am y band ydy bod Ifs yn 22, mae Ems yn 35, dwi'n 33 ac mae Rich yn 28, felly mae gen ti amrediad eang o oed. Mi ddaeth 'na un neu ddwy o'r tiwns yn naturiol, ond wedyn 'naethon ni feddwl, mae gynnon ni gefndir gwahanol mewn cerddoriaeth. Mae pawb wedi licio petha gwahanol. Felly, 'aru ni drio ffendio rhyw fan cychwyn lle oeddan ni i gyd yn dweud 'o ia, dwi'n licio'r rheina hefyd'."

"Dwi'n meddwl daeth 'Sgrin' allan o wrando ar Vampire Weekend. Mae eu *chord changes* nhw yn *quirky*, a rhythm eu geiriau nhw'n rhywbeth oeddan ni'n

ei licio. Mi oedd 'na un gân hefyd lle 'naethon ni wrando ar Kings of Leon, a pha mor syml ydy eu caneuon nhw, weithia dim ond dau gord mewn pennill, yn hytrach na thaflu chwech i mewn achos bod chdi'n trio bod yn glyfar."

Disgrifiodd Yws y sesiynau cyfansoddi hyn fel *get togethers* bach, gan mai anaml y daw'r band at ei gilydd oni bai eu bod mewn gìg neu bractis band prin. Datgelodd hefyd fod ambell i gân newydd wedi'i chyfansoddi mewn gìg. Meddyliais felly a oedd Yws yn rhagweld y newid yn y broses gyfansoddi yn dylanwadu ar sŵn yr albwm. A fydd yr albwm yn wahanol iawn i *Codi /\ Cysgu*?

"Na, mae'r sŵn yn mynd i newid dipyn bach, yn naturiol, oherwydd bod If yn *involved* o'r cychwyn efo'r sgwennu. Felly dydy'r *riffs* gitâr ddim yn rhywbeth sy'n cael ei sgwennu dros rywbeth dwi wedi'i sgwennu'n barod. Mae If yn gallu bod yna, deud dydy'r cord yna ddim yn gweithio, be am ei newid o i rwbath arall."

O'n sgwrs, alla i ddim peidio teimlo

ei fod o'n hapus iawn efo'r bartneriaeth gyfansoddi hon. Nid yn unig eu bod nhw'n cyfansoddi fel band ond mae Rich, drymar y band, yn cynhyrchu'r albwm. Rich gynhyrchodd *Codi /\ Cysgu* hefyd. Mae Yws yn hapus i dderbyn cyngor ganddo, os ydy o'n dewis "cord sy ddim yn dda" mae o'n fwy na bodlon dilyn cyfarwyddyd i "roi ei fys yn rywle arall" a thrio cord gwahanol. Ym mis Chwefror, dychwelodd y pedwar i Bing ar gyfer y drydedd sesiwn gyfansoddi yn y gobaith o sgwennu pedair cân arall ar gyfer yr albwm.

## #DiolchoGalon

Wrth i'n sgwrs ni ddirwyn i ben, mi holais Yws am y diwrnod #DiolchoGalon a oedd yn dathlu deugain mlynedd o BBC Radio Cymru. Bu ef, y Gerddorfa Genedlaethol Gymreig ac Alys Williams, ymysg eraill, yn Neuadd Hoddinot, yn cadw cwmni i leisiau cyfarwydd yr orsaf, a oedd yn darlledu o Ganolfan y Mileniwm drwy'r dydd. Mi gytunon ni ar ba mor hudolus ydy llais Alys Williams, pa mor hyfryd ydy sŵn cerddorfa a pha mor siomedig fu'r ddau ohonom ni i golli Gìg y Pafiliwn yn Eisteddfod Y Fenni y llynedd.

Ar ôl ennyd o dawelwch, cyn ffarwelio, "O, mae 'na un peth arall. Ond dwi ddim yn siŵr os dylwn i ddeud." Os nad oedd hynny am oglais fy nghlustiau, wyddwn i ddim beth fyddai. Gyda chlust frwdfrydig, gwrandewais ar ei gyhoeddiad.

Eleni, yn Eisteddfod Genedlaethol Ynys Môn, bydd y Welsh Pops yn dychwelyd i'r Pafiliwn. Cydfloeddiwn, *"Yes!"* Ac mi fydd Yws a'i fand yn chwarae. Cydfloeddiwn, *"Yes!"* Cafodd y cyhoeddiad ei wneud yn swyddogol ar ôl ein sgwrs ar Ddydd Miwsig Cymru, ac fel y gwyddom erbyn hyn, roedd y gìg yn un gofiadwy iawn.

**Pa gân Yws Gwynedd ydy'r orau gen ti?**

'Sebona Fi', ma 'di bod yn anhygoel faint ma pobl wedi ymateb i sentiment y gân.

**Pa fand wyt ti wedi'i fwynhau fwyaf dros y flwyddyn ddiwethaf?**

Dwi fod i ddeud band ifanc newydd yn fan hyn... ond roedd gweld Topper yn ailffurfio yn freuddwyd i fi'n bersonol.

**Beth ydy dy hoff albwm di?**

Bob Dylan *Blood on the Tracks* (yn newid i *Street-Legal*)

**Tasa chdi'n cael bod yn anifail, pa un fysa fo a pham?**

Dwi'n grediniol fy mod i 'di bod yn gath mewn bywyd arall.

**Pa *box-set* wyt ti'n ei gwylio ar hyn o bryd?**

Newydd orffen *The Killing* (Fersiwn Americanaidd), ond ar ganol *Crazy Ex-Girlfriend* hefyd.

**Tasa chdi'n cael canu deuawd efo unrhyw un, efo pwy fasa fo?**

Alys Williams. Dwi'n siŵr neith o ddigwydd, jyst aros am y rheswm iawn i'w neud o.

**Pa fwyd/snacs sy'n gorfod bod yn y stiwdio pan 'da chi'n recordio?**

Coffi posh (ma 'na beiriant Tassimo yna).

**Pa gân fysa chdi'n ei dewis yn *soundtrack* i ffilm o dy fywyd?**

Big Leaves – 'Hanasamlanast'

**Beth sy'n gwneud i chdi chwerthin?**

Stewart Lee ar y funud.

**Beth yw'r jôc orau i chdi ei chlywed?**

"Pan nes i ddeud bo fi isio bod yn gomedïwr, nath pawb chwerthin. Wel 'di nhw ddim yn chwerthin 'ŵan!" Bob Monkhouse.

# Cwestiynau Cyflym - Yws Gwynedd

**Gìg orau i ti chwarae ynddi yn 2017:**

Maes B, torri record [torf fwyaf erioed Maes B] a phetha.

**Gig/set orau i ti weld gan fand arall yn 2017:**

Set Yr Eira yng Ngŵyl Rhif 6 – graen ar y perfformiad ar ôl haf cyfa' o chwara'r albwm newydd yn fyw.

**Band newydd sydd wedi dal dy lygad:**

Hyll a Gwilym – dau fand hollol wahanol ond efo potensial anferth.

**Hoff record Gymraeg yn 2017:**

*Toddi* Yr Eira.

**Hoff gân o 2017:**

'Dihoeni' Swnami.

**Tro trwstan mwyaf i ti/y band:**

Cerdded o Ŵyl Rhif 6 a disgyn mewn i'r mwd. Ffordd eitha chwedlonol i orffen yr haf.

**Gobeithion i'r sin yn 2018:**

Crop newydd o fandiau fydd yn camu mewn i ambell i fwlch fydd yn cael eu gadael. Mae eu tro nhw wedi dod. Edrych ymlaen i weld pwy fydd wedi cyrraedd llwyfan Maes B yn 2018.

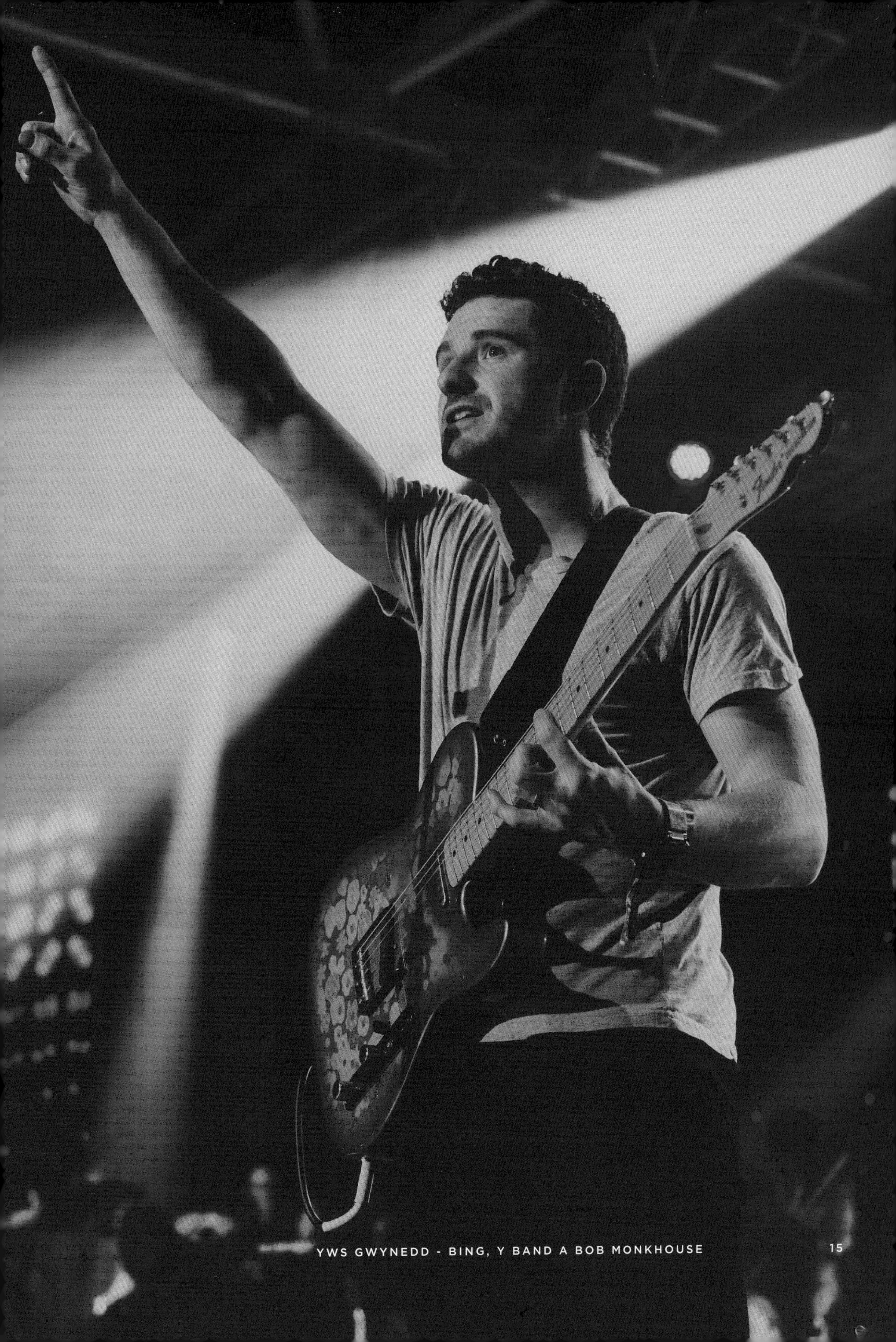

# Gwobrau'r Selar 2017

Trwy gydol mis Rhagfyr a dechrau Ionawr bu darllenwyr *Y Selar* yn pleidleisio dros enillwyr Gwobrau'r Selar. Ac ar benwythnos 17–18 Chwefror fe heidiodd dros 1000 ohonoch i Aberystwyth i weld pwy oedd wedi dod i'r brig yn y 12 categori, ac i ddathlu gyda'r artistiaid. Oedd, roedd hi'n glamp o noson unwaith eto eleni...

Dechreuodd dathliadau Gwobrau'r Selar ar y nos Wener y tro yma gyda noson arbennig i longyfarch Geraint Jarman fel derbynnydd Gwobr Cyfraniad Arbennig. Cyhoeddwyd mai Jarman oedd yr enillydd ym mis Ionawr, ac wrth iddo nodi 40 mlynedd fel cerddor unigol trwy ryddhau ei albwm diweddaraf, *Tawel yw'r Tymor*, ac ymddangos ar glawr rhifyn Awst 2016 o'r *Selar*, roedd yn enillydd teilwng iawn.

Yn ystod yr wythnos yn arwain at y gìg, bu darllenwyr *Y Selar* yn pleidleisio dros 10 Uchaf caneuon Jarman o'i ôl-gatalog rhyfeddol o gyfoethog, ond set o'i ganeuon newydd a gafwyd yn lleoliad eiconig Neuadd Pantycelyn. Ac roedd yn wefreiddiol.

Y Llyfrgell Genedlaethol oedd lleoliad gweithgareddau dydd Sadwrn Gwobrau'r Selar gyda dathlu hanes cerddoriaeth Gymraeg gyfoes ar frig yr agenda. Roedd y sgwrs rhwng Geraint Jarman ac Emyr Ankst yn ddifyr, a'r sgwrs gyda Dafydd Evans – aelod o'r grŵp roc Cymraeg cyntaf, Y Blew, a ffurfiwyd hanner canrif yn ôl – yn agoriad llygad.

Ond wrth gwrs, nos Sadwrn yn Undeb Myfyrwyr Aberystwyth oedd yr uchafbwynt gyda 10 o fandiau mwyaf bywiog y flwyddyn a aeth heibio ar y llwyfan. Roedd un gwahaniaeth mawr yn

nhrefn y noson eleni wrth i Elan Evans gamu i esgidiau mawr Dyl Mei a Gethin Evans fel cyflwynydd, ac roedd pawb wrth eu bodd â hi.

Y grŵp nad ydynt mwyach, Y Bandana, oedd prif enillwyr Gwobrau'r Selar, wrth i'r pedwarawd o ardal Caernarfon, a chwalodd yn hydref 2016, gipio pedair gwobr ar y noson – Record Hir Orau, Gwaith Celf Gorau, Cân Orau a Band Gorau.

Roedd Gig Olaf Y Bandana ar restr fer categori Digwyddiad Byw Gorau y gwobrau, ond cipiwyd y wobr honno gan Faes B, a ddaeth i'r brig hefyd yng nghategori'r Hyrwyddwr Gorau. Cafodd Yws Gwynedd noson dda yn bachu dwy wobr sef Fideo Cerddoriaeth Gorau am fideo ei sengl 'Sgrin', gan hefyd ennill teitl Artist Unigol Gorau am y drydedd flwyddyn yn olynol.

Roedd yn noson gofiadwy iawn i'r grŵp ifanc o Bwllheli, Ffracas, wrth iddyn nhw gipio'r wobr am y Band neu Artist Newydd Gorau yn ogystal â Record Fer Orau am eu EP cyntaf, Niwl.

Yn y categorïau eraill ar y noson, cipiodd Osian Williams o Candelas, Cowbois Rhos Botwnnog a Siddi y wobr am yr Offerynnwr Gorau, a Lisa Gwilym ddaeth i'r brig yn y bleidlais dros y Cyflwynydd Gorau.

Er fod y gwobrau unigol yn golygu tipyn i'r enillwyr, yn enwedig gan mai'r cyhoedd sy'n pleidleisio drostynt, mae Gwobrau'r Selar yn llawer mwy na hynny. Unwaith eto roedd yn ddathliad addas i'r flwyddyn a fu, ac yn arddangosfa o ba mor gyffrous ydy'r sin gerddoriaeth Gymraeg gyfoes ar hyn o bryd.

## 10 Uchaf caneuon Jarman

Wrth i ni baratoi i ddathlu cyfraniad un o wir fawrion cerddoriaeth Gymraeg, roedd rhaid cynnal pleidlais gyhoeddus ar wefan Y Selar i ddewis eich hoff ganeuon Geraint Jarman.
Dyma'r deg clasur ddaeth i'r brig:

10. **Sgip ar Dân** (Albwm: *Hen Wlad Fy Nhadau*, 1978)
9. **Gobaith Mawr y Ganrif** (*Gobaith Mawr y Ganrif*, 1976)
8. **Bourgeois Roc** (*Tacsi i'r Tywyllwch*, 1977)
7. **Methu Dal y Pwysa** (*Hen Wlad Fy Nhadau*, 1978)
6. **Diwrnod i'r Brenin** (*Diwrnod i'r Brenin*, 1981).
5. **Cŵn Hela** (*Fflamau'r Ddraig*, 1980)
4. **Ambiwlans** (*Tacsi i'r Tywyllwch*, 1977)
3. **Gwesty Cymru** (*Gwesty Cymru*, 1979).
2. **Merch Tŷ Cyngor** (*Hen Wlad Fy Nhadau*, 1978)
1. **Ethiopia Newydd** (*Hen Wlad Fy Nhadau*, 1978)

# Rhestrau Byr ac Enillwyr Gwobrau'r Selar 2016

## CÂN ORAU

'Gweld y Byd Mewn Lliw' –
Band Pres Llareggub
'Cyn i'r Lle Ma Gau' – Y Bandana,
'Canfed Rhan' – Candelas

**ENILLYDD**: 'CYN I'R LLE MA GAU' –
Y BANDANA

## HYRWYDDWR GORAU

Clwb Ifor Bach
Maes B
4 a 6

**ENILLYDD**: MAES B

## CYFLWYNYDD GORAU

Tudur Owen
Huw Stephens
Lisa Gwilym

**ENILLYDD**: LISA GWILYM

## ARTIST UNIGOL GORAU

Yws Gwynedd
Gwilym Bowen Rhys
Alys Williams

**ENILLYDD**: YWS GWYNEDD

## BAND NEU ARTIST NEWYDD GORAU

Chroma
Magi Tudur
Ffracas

**ENILLYDD**: FFRACAS

## DIGWYDDIAD BYW GORAU

Gìg Olaf Y Bandana
Maes B – Eisteddfod Genedlaethol
Y Fenni
Gìg Y Pafiiwn – Eisteddfod
Genedlaethol Y Fenni

**ENILLYDD**: MAES B

## OFFERYNNWR GORAU

Gwilym Bowen Rhys
Merin Lleu
Osian Williams

**ENILLYDD**: OSIAN WILLIAMS

## GWAITH CELF GORAU

*Fel Tôn Gron* – Y Bandana
*5* – I Ka Ching
*IV* – Cowbois Rhos Botwnnog

**ENILLYDD**: *FEL TÔN GRON* – Y BANDANA

## BAND GORAU

Candelas
Y Bandana
Sŵnami

**ENILLYDD**: Y BANDANA

## RECORD FER ORAU

*Tân* – Calfari
*Niwl* – Ffracas
*Propeller* – Cpt Smith

**ENILLYDD**: *NIWL* – FFRACAS

## FIDEO CERDDORIAETH GORAU

Sgrin – Yws Gwynedd
Bing Bong – Super Furry Animals
Suddo – Yr Eira

**ENILLYDD**: SGRIN – YWS GWYNEDD

## 10 Uchaf Albyms 2016

Roedd 2016 yn flwyddyn dda o ran albyms Cymraeg. Does dim ond angen rhestru rhai o'r recordiau hir wnaeth ddim cyrraedd 10 uchaf darllenwyr *Y Selar* i brofi hynny – Geraint Jarman, The Gentle Good, CaStLeS a Bendith, sef enillydd teitl Albwm Cymraeg y Flwyddyn yr Eisteddfod Genedlaethol!

Dyma'r 10 uchaf yn ym marn pleidleiswyr Gwobrau'r Selar:

10. *O Groth y Ddaear* – Gwilym Bowen Rhys (Fflach: tradd)
9. *Gwna Dy Feddwl i Lawr* – Mr Huw (Cae Gwyn)
8. *Y Dyn o Gwmfelin Mynach* – Welsh Whisperer (Tarw Du)
7. *Anian* – 9Bach (Real World Records)
6. *Alun Gaffey* (Sbrigyn-Ymborth)
5. *Brython Shag* (Sbensh)
4. *5* – I Ka Ching (I Ka Ching)
3. *Kurn* – Band Pres Llareggub (Recordiau MoPaChi)
2. *IV* – Cowbois Rhos Botwnnog (Sbrigyn-Ymborth)
1. *Fel Tôn Gron* – Y Bandana (Copa)

19

# Gwalia – Gai'n galw am ddeffroad

Boed fel rhan o Anweledig, Mim Twm Llai, Brython Shag neu dan ei enw'i hun, does dim dwywaith fod Gai Toms yn un o gerddorion mwyaf toreithiog y sin Gymraeg dros y ddau ddegawd diwethaf. Wrth baratoi i ryddhau ei albwm diweddaraf, *Gwalia*, ym mis Gorffennaf, bu'n siarad â'r *Selar*.

**Geiriau: Gwilym Dwyfor**

Awgrymais yn fy ngolygyddol ar gyfer rhifyn cyntaf 2017 *Y Selar* y bydd hi'n ddiddorol gweld y sin yn ymateb yn greadigol i'r newidiadau mawr a welodd y byd yn 2016. Ychydig a wyddwn i fod rhywun wrthi'n barod mewn hen festri yn Nhanygrisiau! Bydd Gai Toms yn rhyddhau *Gwalia* yr haf yma, ac er iddo ryddhau albwm Saesneg ddwy flynedd yn ôl, hon fydd ei record hir Gymraeg gyntaf ers 2012.

"Roedd yr albwm dwytha, *The Wild The Tame And The Feral* yn rhyw fath o arbrawf," eglura'r cerddor amryddawn. "Dwi wedi sgwennu ambell gân Saesneg yn y gorffennol ond erioed wedi rhyddhau albwm, ond dwi'n falch 'mod i wedi gwneud hynny rŵan. Fel dudodd Tom Waites, 'I never saw the East coast 'till I moved to the West'. Ma angan gwthio syniadau weithia er mwyn dod yn ôl i neud be ti'n ei neud fel arfer yn well."

*Bethel* oedd albwm Cymraeg diwethaf Gai, wedi ei enwi ar ôl y capel lle mae Gai wedi troi'r festri yn Stiwdio SBENSH. Dyna lle y bu wrthi eto'r tro hwn, gan recordio, cynhyrchu a rhyddhau'r cwbl ei hun ar ei label, Recordiau SBENSH.

"Dwi'n gweld yr albwm yma braidd fel Tchaikovsky yn cyfansoddi symffoni, dwi'n clywad y darnau i gyd. Felly yn hytrach na gofyn i rywun arall chwara'n union be dwi isio'i glywad mi wna i jyst ei neud o fy hun. Dwi'n mwynhau'r broses yna, dwi'n cyfansoddi wrth chwara'r drymiau, ma be dwi'n ei neud ar y dryms yn effeithio'r *bass line* ac yn y blaen felly ma'n broses eitha *methodic*. Ond ella fydd yr albwm nesaf yn *live takes*, cael y band i mewn a recordio mewn un *take*, bang. Dwi'n licio arbrofi efo prosesau gwahanol wrth gynhyrchu."

LLUNIAU: ALWYN JONES

## Ysbrydoliaeth

Daw yn amlwg wrth sgwrsio â Gai mai rhywun sydd yn cael ei ysgogi i greu ydy o. Ni cheir yr argraff ei fod o'n gorfodi pethau, ond yn hytrach yn cael ei ysbrydoli i ymateb yn greadigol i bethau. Gwalia, yn amlwg, yw un o brif ysbrydoliaethau'r albwm, gair sy'n golygu un peth i'r mwyafrif o Gymry, ond mae ganddo ddau ystyr i drigolion yr ardaloedd chwarelyddol.

"Dwi wedi meddwl erioed bod tomenni llechi bron fel pyramids, nid yn unig eu siâp ond y ffordd ma nhw'n dominyddu'r olygfa. Mae'r syniad yna bod ein cyn-deidiau ni wedi cyffwrdd y llechi 'na hefyd, mae o fel ryw fath o aberth bron, fel yr oedd o i'r Aztecs a'r Mayans. Mae 'na aml-ddiwylliant yn perthyn i thema'r albwm. Dwi'n cymryd rwbath Cymreig fel tomenni llechi a gwalia, sef y cytiau lle oeddan nhw'n hollti a naddu cyn y felin lifio. Roedd y chwarelwyr i gyd mewn rhyw gytiau bach ar y mynydd yn hollti a naddu ac yn taflu'r gwastraff dros y doman. Wedyn o'n i'n gweld rhyw baralel yn fan'na efo diwylliant aberthu Lladin-Americanaidd."

Yn y gair mwys yma mae'r gŵr o Fro Ffestiniog wedi llwyddo i blethu rhywbeth lleol iawn gyda thema fwy cenedlaethol. "A gair Sacsonaidd ydy 'Gwalia' efo 'G' fawr cofia, gair sy'n deillio o'r ffordd mae eraill yn gweld Cymru."

Dylanwad arall ar y Cymro wrth greu'r casgliad yma oedd llyfr gan ŵr o Wrwgwái, Eduardo Galeano, *Las venas abiertas de América Latina* (Gwythiennau Agored America Ladin).

"Mae'r llyfr yn trafod coloneiddio De America a'r holl allforio adnoddau ddigwyddodd yno, felly mae yna baralels i Gymru yn fan'no hefyd. Ddim mor eithafol ella ond yr un egwyddor. Rydan ni'n allforio cyfoeth ein hadnoddau ni i bobl eraill. Os fysan ni'n berchen ar yr holl adnoddau yna fysan ni'n wlad hollol wahanol. Rydan ni mewn cyfnod rŵan o ailafael yn y syniad yma o ailfeddiannu adnoddau ac ma 'na ryw thema fel'na yn rhedeg trwy'r albwm hefyd."

Teg fyddai galw'r llyfr yn rhyw fath o faniffesto asgell chwith ac yn ôl Gai, "Rhaid i Gymru ailafael yn y meddylfryd chwith yn y byd sydd ohoni. Fel arall rydan ni'n mynd i gael ein sugno mewn i ryw unbennaeth asgell dde Dorïaidd."

Daw hynny â ni'n daclus at un arall o brif sbardunau'r albwm, sef yr hinsawdd wleidyddol bresennol.

"Gen ti lefydd traddodiadol Llafur yn y cymoedd yn troi at UKIP. Colli disgyblaeth ydy o, mae 'na lot o Gymry'n gweld pethau trwy fframwaith Prydeinig, yn eu hadloniant a'u diwylliant. Wedyn ma'r Cymry Cymraeg traddodiadol eisteddfodol yn cael eu galw'n Welsh Nash. Colli disgyblaeth ysbrydol bron iawn, colli ymwybyddiaeth o bwy ydan ni, yr hunaniaeth 'na. Ond efo'r cyfryngau sydd ohoni mae'n anodd. Mae'r albwm yn rhyw fath o ymgais i ddeffro'r isymwybod, i ddeffro'r ysbryd 'na. Mae pobl wedi ei wneud o cyn fi, dwi'm yn trio deud 'mod i'n troedio tir newydd ond hwn ydy'r albwm mwyaf gwleidyddol neu ysbrydol dwi wedi ei wneud. Rhyw ddeffroad sydd ei angen."

Ysbrydoliaeth arall i'r albwm ac yn benodol i'r gân 'Gwalia' yw'r gân 'O Gymru', gyda fersiwn hyfryd Eleri Llwyd ohoni'n cael ei samplo ar y teitl-drac.

"O'n i jyst yn gyrru yn y car a ddoth y gân yna mlaen ar Radio Cymru," eglura Gai. "O'n i wedi ei chlywad hi o'r blaen ond y tro yma nesh i sylweddoli pa mor arbennig oedd hi. Wrth i'r dryms gicio i mewn nesh i feddwl, waw, fyswn i'n gallu gneud wbath efo hon. Dwi wedi cymryd cordia'r gân wreiddiol a chreu un newydd gan ychwanegu synths i'w gwneud hi'n eitha epig a modern."

Hon fydd y gân fwyaf cyfarwydd i'r gwrandawyr, gyda fideo gwych wedi ymddangos ar *Ochr 1* y llynedd. Mae'n sicr yn gân epig ac yn drac cyntaf delfrydol i osod naws ar ddechrau'r casgliad.

"Ma'n ddigon hawdd canu caneuon traddodiadol neu werin ond ma'n bwysig edrych tuag at y dyfodol hefyd. Mae cerddoriaeth electronig Gymraeg yn gryf ar hyn o bryd ac er nad ydw i'n ystyriad fy hun yn artist electronig dwi'n licio cynnwys elfennau o'r *genre*. Mae angen cydbwysedd o edrych ymlaen ac edrych yn ôl."

**Cymru'r Cysyniad**

Mae pedwar dylanwad clir i'r casgliad felly; gwalia, llyfr Galeano, 'O Gymru' a sefyllfa'r byd sydd ohoni. Wrth gwrs, mae llawer o orgyffwrdd yn y themâu hyn ac er bod posib priodoli'r dylanwadau penodol i ganeuon unigol, gan fod y cwbl yn plethu mor dynn i'w gilydd, mae'r teimlad o gyfanwaith yn gryf a bron y gellid galw'r albwm yn un cysyniadol. Mae'n amlwg o ddisglyfr Gai Toms ei fod yn ffafrio'r fformat hir dros EPs a senglau, mae creu cyfanwaith yn bwysig iddo.

"Dwi'n meddwl ei fod o'n rhan o fy natur i i gysylltu petha i gael mwy o ystyr. Dwi'n gweld senglau'n rwbath ffwrdd â hi, er mai dyna'r cyfeiriad y bydd rhaid mynd iddo yn y byd digidol sydd ohoni. Dwi'm yn sgwennu miwsig am sylw, dwi'n ei weld o fel rwbath cathartig, dwi'n gweld fy hun fel sgwennwr yn fwy na *pop artist*."

'Brethyn' yw un o draciau'r casgliad ac yn ôl Gai, "Mae'r albwm fel brethyn, yn blethiad o liwia a phatrymau. Dyna oedd y syniad wrth blethu'r dracwisg Cymru a'r *head dress* Lladin Americanaidd ar gyfer fideo 'Gwalia'.

GWALIA - GAI'N GALW AM DDEFFROAD

Dangos nad dim ond pobl sy'n chwara ffidl mewn rhyw gwt pellennig ydan ni, mae'r Cymry'n bobl sy'n meddwl am y byd a'r ddaear. Fysan ni'n gallu cyfrannu gymaint i'r byd os fysa ganddon ni'r tŵls i'w wneud o. Mae angen i bobl ddeffro."

Mae Gai'n cynnwys ei hun yn yr alwad honno. "Mae'r albwm yn fater o 'deffrwn' yn fwy na 'deffrwch'." Mae yma naws wleidyddol heb os, mae yma farn gadarn, ond nid yw'r farn honno'n cael ei stwffio i lawr ein corn gwddw. Does dim yn rhy benodol yma, tydy'r geiriau 'Trump' neu 'Brexit' ddim i'w clywed unwaith, mae'r cyfan yn fwy cynnil.

"Diolch i fandiau fel Radio Rhydd a Twmffat mae hynny," eglura Gai. "Ma nhw'n rant bands da ac mae angen rant bands. Ond dydw i ddim yn rantiwr, dwi'n cymryd petha ac yn meddwl sut fedra i neud hyn mewn ffordd wahanol."

Mae'r teimlad cynnil-wleidyddol yma'n creu llinyn cryf i'r geiriau trwy'r casgliad a gellid dadlau bod hynny'n rhyddhau Gai i amrywio ac i arbrofi mwy gydag arddull y gerddoriaeth.

"Ma 'na elfen o hynny ella. Mae'r geiriau'n aml yn arwain arddull y gân achos dwi'n foi geiriau gynta. Dwi'n chydig bach o ragrithiwr achos pan dwi'n gwrando ar albyms *multigenre* eraill dwi'm yn eu mwynhau nhw ond

pan dwi'n cyfansoddi fy hun alla i'm stopio arbrofi."

"Os ydy Tarantino yn Director DJ ma *Gwalia* yn DJ gyfansoddwr," meddai Gai. O jazz Ffrengig 'Tafod' i'r cyffyrddiad Gruff Rhys-aidd yn 'Chwyldro Bach Dy Hun' a'r hiwmor eironig yn 'Costa del Jeriatrica', mae'r albwm yn sicr yn deilwng o'r disgrifiad. Yr her nesaf fydd trosi *Gwalia* yn ei holl amrywiaeth i set fyw.

"Gan mai fi ydy'r unig gerddor ar yr albwm mi fydd rhaid trosglwyddo hynna'n fyw trwy gerddorion eraill. Ac mi wneith o gymryd ei fywyd ei hun. Dwi'm yn mynd i drio'u cael nhw i swnio'n union 'run peth achos mae albwm yn gelfwaith gwahanol i chwarae'n fyw."

# Cwestiynau Cyflym - Gai Toms

**Gìg orau erioed i ti chwarae ynddi:**
Anweledig, Clwb Rygbi, Sesiwn Fawr
Dolgellau 1998 (dwi meddwl!). Roedden
ni newydd ryddhau'r albwm cyntaf,
*Sombreros yn y Glaw*, a'r lle (bach!) yn
gorlifo gyda phobl yn dod mewn drwy'r
ffenestri fel zombis am ein gwaed. Pawb
yn stompio fel ffyliaid drwy'r gìg.

Fel artist unigol, roedd gìg Steddfod
Caerdydd yn Clwb Ifor Bach 2008 yn
arbennig hefyd... cyfnod pan o'n i'n
gigio efo'r *junk kit*, llond stafell o ymateb
bositif. Yn ogystal, nes i fwynhau fy
nheithiau theatr 'Croestoriad' yn 2006 a
'Jynkadelic' yn 2009, mae 'na rywbeth
arbennig mewn gìg theatr, y goleuadau,
y gwrandawiad a'r cyfle i berfformio
repertoire wahanol yn greadigol.

**Gìg orau erioed i ti weld gan fand arall:**
Nick Cave & The Bad Seeds, MEN Arena,
Medi eleni. Roedd o'n gwau'r albwm
newydd *Skeleton Tree* (ar ôl colli ei fab,
Arthur) yn wych gyda'r deunydd arferol,
a hynny gyda pherfformiad gweledol
anhygoel. Roedd ei bresenoldeb yn
llenwi'r llwyfan anferth ac yn fy nhywys
drwy bob emosiwn posib. Daeth y
noson i ben gyda *crowd invasion*, terfyn
da i feddwl bod o wedi cysylltu gyda'i
gynulleidfa o'r cychwyn beth bynnag,
ac yn dangos hefyd ei fod dal yn dipyn
o bync, ers dyddiau The Birthday Party!
Sgwennwr a pherfformiwr o fri!

**Hoff record Gymraeg yn 2017:** Dwi'n
dal i ddisgwyl fy nghopi o *Dal i 'Redig
Dipyn Bach* gan Bob Delyn a'r Ebillion!
'Nes i *swap* am *Gwalia* (fy albwm i) yn y
Steddfod... oedd hynny 'nôl ym mis Awst,
Edwin!!

**Hoff gân o 2017:** Anodd rhoi un uwchben
y llall... felly dyma'r Top 3 o ganeuon sydd

wedi gneud rhyw fath o argraff arnaf:
'Cwlwm' Gwyneth Glyn, 'Bang, Bang'
Cadno ac 'Aros o Gwmpas' gan Omaloma.

**Tro trwstan mwyaf:** Mae 'na gymaint o
straeon efo Anweledig... mae angen y
band cyfan mewn stafell i drafod a chofio!

Fel artist unigol, ges i gynnig gneud
fideo draw yng ngŵyl SXSW yn Austin,
Texas. Roedd yr awyren yn mynd
o Gatwick ond roedd lifft yn mynd
o Gaerdydd efo criw cwmni teledu
Boomerang, felly es i lawr y noson gynt
i aros efo Al, drymar Anweledig, yn
Riverside.

Wrth gerdded am y bont gwelais
*silhouette* Meic Stevens yn y Prince of
Wales, a gan fod gen i ddigon o amser es
i mewn am beint. Roedd hi'n benwythnos
pen-blwydd ar Meic a soniodd ei fod yn
cael parti bach yn y tŷ i ddathlu a chefais
wadd! Roedd y parti'n grêt, hen ffrindiau
Meic o amgylch bwrdd yn jamio, cyrri yn
ffrwtian ar y stof a digon o gwrw! Roedd
hi'n ddau y bore arna i'n mynd 'nôl i fflat
Al a'r lifft i Gatwick am bedwar!

Cefais alwad ffôn gan Boomerang i fy
neffro, lluchiais fy mhethau i'r bag, gafael
yn y gitâr a brysio allan. Wrth gyrraedd
Gatwick roedd fy mhasbort ar goll! Wedi
ei adael yn fflat Al ymysg yr holl ruthro.
Gyda diolch mawr i Craig o Boomerang,
a gludodd fy mhasbort o Gaerdydd i
Gatwick cefais awyren hwyrach a nes i fy
*long haul flight* cyntaf ar ben fy hun, efo
clamp o gur pen!

**Gobeithion i'r sin yn 2018:** Mwy o
leoliadau sy'n darparu llwyfan cyffrous i
nosweithiau a threfnwyr/hyrwyddwyr o
safon i'w llenwi nhw. Mae'n bwysig rhoi
profiad cofiadwy i'r band yn ogystal ag i'r
gynulleidfa!

Lisa Gwilym – enillydd gwobr Cyflwynydd Gorau Gwobrau'r Selar am bum mlynedd yn olynol (gan rannu â Huw Stephens unwaith), ac un o bobl dda y sin. Ei rhaglen ar Radio Cymru bob nos Fercher ydy un o'r pethau gorau ar y tonfeddi gydag amrywiol gyfweliadau difyr, sesiynau gwych ac wrth gwrs y gerddoriaeth gyfoes orau. Gyda chymaint o bethau ardderchog ar ei rhaglen, debyg mai tasg amhosib ydy gofyn i Lisa ddewis ei huchafbwyntiau o'r flwyddyn. Ond dyna'n union rydan ni wedi gofyn iddi'i wneud ar gyfer *Llyfr Y Selar*! Dyma'i dewis...

# Uchafbwyntiau Lisa ar y tonfeddi

### BENDITH YN CIPIO ALBWM CYMRAEG Y FLWYDDYN

Braint oedd cael cyflwyno gwobr Albwm Cymraeg y Flwyddyn eto eleni yn yr Eisteddfod Genedlaethol. Rhestr amrywiol iawn, o *Fforesteering* gan CaStLeS i *Adfeilion* gan The Gentle Good, a'r beirniaid yn penderfynu mai *Bendith* oedd yn haeddu'r wobr. Seiniau bendigedig a harmonïau hyfryd, a'r cyfuniad perffaith o dalentau Carwyn Colorama a theulu Plu.

### CROESO ARBENNIG GAN ARWR Y SIN

Geraint Jarman yn derbyn gwobr cyfraniad arbennig gan gylchgrawn *Y Selar* – felly dyma fanteisio ar y cyfle i recordio cyfweliad estynedig efo'r dyn ei hun, a theimlo'n eithriadol o lwcus pan ges i dreulio pnawn efo Geraint yn ei gartref yng Nghaerdydd. Sgwrs agored yn edrych 'nôl ar yrfa hynod lewyrchus fel cerddor, bardd a chynhyrchydd teledu, ac edrych mlaen hefyd at yr albwm reggae sydd ar ei ffordd yn 2018. Hir oes i awen greadigol a chyfraniad amhrisiadwy Jarman.

### CARWYN ELLIS YN GALW DRAW AM SESIWN A SGWRS

Dwi 'di cael haf braf yn dilyn anturiaethau Carwyn Ellis wrth iddo gofnodi'r holl deithio mae'n ei wneud efo'r Pretenders ar ei gyfrif Instagram. Teimlo fy mod i yno efo fo'n agor The Other Stage yn Glastonbury ar y pnawn Gwener efo'r llun ohono ar y llwyfan o flaen miloedd o bobol! Pleser oedd ei groesawu i'r BBC ym Mangor am ychydig oriau, tra oedd yn teithio o Iwerddon i Lundain er mwyn lansio albwm newydd Colorama, *Some Things Just Take Time*. Roedd hi mor braf cael sgwrsio am ei brofiadau, ac wrth gwrs ei glywed yn perfformio ambell gân newydd Colorama ar gitâr Chrissie Hynde.

### SAFON BRWYDR Y BANDIAU YN SYFRDANOL

O'r rowndiau rhanbarthol i'r rownd derfynol ar Lwyfan y Maes yn yr Eisteddfod, roedd safon y gerddoriaeth a'r amrywiaeth yn anhygoel o dda eleni. O gerddoriaeth dawns electronig Eädyth i sŵn acwstig Mabli Tudur, ac o roc indi trwm Mosco i fand tyn Jack Elis, heb anghofio ymateb anhygoel y gynulleidfa i'r band lleol, Gwilym. A grêt oedd cael cyhoeddi mai roc blŵs budur Alffa oedd yn serennu eleni – pob lwc Sion a Dion efo recordio'r albwm.

### YR EIRA

Bore gìg lansio'r albwm *Toddi*, ges i fynd draw i bencadlys Yr Eira ym Mhentir i gael sgwrs efo Lewys, Trystan, Guto ac Ifan. O'r gwrandawiad cynta, mae'r albwm wedi gafael yndda i, a dylanwad y cynhyrchydd Steffan Pringle i'w glywed ar y sŵn, sydd yn fwy arbrofol. Albwm sy'n llifo yn hytrach na chasgliad o ganeuon unigol – cyfanwaith, ym mhob ystyr y gair.

### HUD HMS MORRIS

Does dim yn well na cherddoriaeth fyw a chwmni bandiau yn stiwdio sesiynau y BBC ym Mryn Meirion, Bangor, yn enwedig os mai HMS Morris ydy'r cwmni. 'Arth' ydy un o ganeuon gorau'r flwyddyn i mi yn bersonol, ac roedd clywed Heledd a Sam yn perfformio honno'n fyw ar y rhaglen, a'i fersiwn cwbl anhygoel o

'Chwaraeon' gan Texas Radio Band yn sesiwn i'w chofio.

### FFRWYDRAD TAWEL ANI GLASS

Artist aml-dalentog sydd wrth ei bodd yn creu celf a sydd ddim ofn mentro a bod ar lwyfan ar ei phen ei hun, a diolch byth am hynny. Mae'n chwa o awyr iach efo'i llais benywaidd cryf, a dwi wir yn gobeithio y bydd yn ysbrydoli mwy o ferched.

### TRYSORAU SBARDUN

Braint oedd cael mynd i'r Barri i gartref y diweddar Alun Sbardun Huws, i gael sgwrs efo'i weddw, Gwenno, a'i gyfaill oes, Emyr Huws Jones, am ddyn a cherddor arbennig. Roedd Sbardun 'di gadael cyfarwyddiadau pendant yn ei ewyllys i roi ei offerynnau i gerddorion ifanc yng Nghymru, a difyr oedd cael dysgu mwy am y broses a chael clywed straeon personol ac atgofion y ddau amdano.

### 'DIOLCH O GALON'

Roedd BBC Radio Cymru yn 40 oed eleni a chafwyd diwrnod arbennig yng nghwmni Cerddorfa Genedlaethol Gymreig y BBC i ddweud 'diolch' i'r gwrandawyr. Roedd cael bod yn Neuadd Hoddinott yn gwrando arnynt yn recordio 'Gwreiddiau Dwfn' – un o fy hoff ganeuon gan Super Furry Animals erioed – ar gyfer fy rhaglen nos Fercher, a hynny efo Cian Ciaran o'r Furries yn eistedd wrth fy ochr, yn brofiad pwerus, prydferth a pherffaith!

**A dyma fanteisio ar y cyfle i ddiolch i chi am eich clustiau a'ch cwmni yn ystod y deuddeg mis diwethaf, ac i'r holl gerddorion a labeli yng Nghymru sy'n creu ac yn sicrhau bod gen i gerddoriaeth newydd anhygoel i'w chwarae bob nos Fercher. DIOLCH!**

# Cynnyrch newydd 2017

Ar ddiwedd bob blwyddyn mae criw *Y Selar* yn wynebu'r her enfawr o gasglu rhestr gyflawn, neu mor gyflawn â phosib, o gynnyrch Cymraeg sydd wedi'i ryddhau yn ystod y flwyddyn galendr. Os nad oedd hynny'n ddigon o her pan oedd pawb yn rhyddhau eu cynnyrch ar CDs, diolch i'r chwyldro digidol mae ddwywaith mor anodd i gadw trac ar bopeth!

Er mwyn cynnwys rhestr yn *Llyfr Y Selar*, roedd rhaid dechrau ar y dasg ychydig ynghynt eleni… ac mae'n siŵr bod hynny'n golygu mwy o fylchau na'r arfer yn ein rhestr gynhwysfawr!

Beth bynnag, dyma'n rhestr (gweddol) gyflawn o gynnyrch cerddorol Cymraeg 2017.

## ALBYMS

*Y Dyn o Gwmfelin Mynach* – Welsh Whisperer (Fflach a Tarw Du, Ionawr)

*Anrheoli* – Yws Gwynedd (Recordiau Côsh, Ebrill)

*Solomon* – Calan (Recordiau Sain, Ebrill)

*Llais/Voice* – Mr Phormula (annibynnol, Mehefin)

*Lle Awn Ni Nesa'?* – Patrobas (Rasal, Mehefin)

*Toddi* – Yr Eira (Recordiau I Ka Ching, Gorffennaf)

*Gwalia* – Gai Toms (Recordiau Sbensh, Gorffennaf)

*Gorwelion* – Calfari (annibynnol, Gorffennaf)

*Bwncath* – Bwncath (Rasal, Awst)

*Dal i 'Redig Dipyn Bach* – Bob Delyn a'r Ebillion (Recordiau Sain, Awst)

*Llwch* – Mei Emrys (Recordiau Côsh, Medi)

*Tro* – Gwyneth Glyn (Bendigedig, Medi)

*5* – Y Niwl (Aderyn Papur, Hydref)

*Oshh* – Oshh (Recordiau Blinc, Hydref)

*Casset* – Casset (annibynnol, Tachwedd)

*Peiriant Ateb* – Y Cledrau (I Ka Ching, Rhagfyr)

## EPS

*Ffrwydrad Tawel* – Ani Glass (Recordiau Neb, Ebrill)

*Torpido* – Lastigband (Recordiau Cae Gwyn, Ebrill)

*Sws Olaf* – Messrs (Neud nid Deud, Ebrill)

*Bach* – Bethan Mai (Recordiau Blinc, Mai)

*Cadno* – Cadno (Recordiau JigCal, Mehefin)

*Yr Oria* – Yr Oria (Blw Print, Mehefin)

*Hyll* – Hyll (Recordiau JigCal, Gorffennaf)

*Ffrwydrad Tawel* – Ani Glass [Ailgymysgiad] (Recordiau Neb, Awst)

*Neo Via* – Panda Fight (Recordiau Brathu, Awst)

*Pyroclastig* – Pyroclastig (Rasal, Awst)

*Mae'r nos yn glos ond does dim ffos rhwngtha ni* – Ffracas (I Ka Ching, Awst)

## SENGLAU

Tonnau – Panda Fight (Recordiau Brathu, Ionawr)

Bws Dŵr – Rhodri Brooks (Bubblewrap Records, Chwefror)

Haul – Adwaith (Decidedly Records, Chwefror)

Eniwe – Omaloma (Recordiau I Ka Ching, Chwefror)

Y Gwyfyn – The Gentle Good (Bubblewrap Records, Chwefror)

Taxol – Twinfield (Recordiau Neb, Mawrth)

Terfysg Haf – Tegid Rhys (annibynnol, Mawrth)

Mesur y Dyn – Daniel Lloyd a Mr Pinc (Rasal, Ebrill)

Dawel Yw Y Dydd – Panda Fight (Recordiau Brathu, Ebrill)

Pam fod y Môr Dal Yna – Tegid Rhys (annibynnol, Ebrill)

Dros y Bont – Yr Eira (Recordiau I Ka Ching, Ebrill)

Arth / Morbid Mind – HMS Morris (annibynnol, Ebrill)

Ta Ta Tata – Geraint Rhys (Glanmor Park Records, Ebrill)

Hiraeth Sy'n Gwmni i Mi – Elin Fflur (Sain, Mai)

Cymorth – Argrph (Recordiau Libertino, Mehefin)

Cadwyni – Serol Serol (I Ka Ching, Mehefin)

Aros o Gwmpas – Omaloma (Recordiau Cae Gwyn, Gorffennaf)

Mae'n Anodd Deffro Un – Los Blancos (Recordiau Libertino, Gorffennaf)

Pobl Gorllewinol Hapus – Brython Shag (Sbensh, Gorffennaf)

Gatsby – Panda Fight (Recordiau Brathu, Gorffennaf)

Aelwyd – Serol Serol (I Ka Ching, Awst)

Lipstick Coch / FEMME – Adwaith (Recordiau Libertino, Awst)

Dihoeni – Sŵnami (annibynnol, Awst)

Llosgi Me / Llawn – Argrph (Recordiau Libertino, Hydref)

Datgysylltu / Chwarter i Dr – Los Blancos (Recordiau Libertino, Tachwedd)

Gan i mi Gribo Dy Wallt – Bitw (Sain, Rhagfyr)

Adre Dros 'Dolig – Glain (Sain, Rhagfyr)

# Adolygiadau cynnyrch 2017

### Y Dyn o Gwmfelin Mynach
### Welsh Whisperer
### Elain Llwyd

Dydw i ddim cweit wedi "cael" Welsh Whisperer yn y gorffennol, ond teg dweud 'mod i wedi chwerthin yn uchel yn ystod albwm diweddaraf y cymeriad dychanol hefo tash!

Mae yma gynhyrchu clyfar yn trio achub ambell gân syml, ond mae hi'n anodd dychmygu y gallai unrhyw beth achub 'Cân yr Hambon' sydd yn ddwy linell ddiddiwedd heb uchafbwynt na newid. Os mai dyna'r pwynt... nesh i'm "ei gael o"... a doedd y geiriau ddim digon doniol i helpu.

Cafodd ambell gân gigl bach gen i ar y gwrandawiad cyntaf, fel 'Loris Mansel Davies', sy'n ddychanol ac yn rhywbeth mae PAWB sy'n defnyddio'r A470 yn gallu uniaethu ag o. Amseru gwych hefyd ar gyfer rhaglen S4C! Mae 'Ticlo dy Ffansi' yn *catchy*, a gyda geiriau fel "Mae'r tash yn gallu ticlo'i ffansi drwy'r prynhawn", does 'na'm llawer o'm byd i beidio licio deud y gwir, nag oes?

Mae'r Whisperer yn difrifoli fymryn i roi neges y 'Cymro Olaf' i ni, a 'Clic, Clywch y Cneifiwr' yn ddoniol i gneifiwr ella. Er bod alaw 'Ni'n Beilo Nawr' yn hwyliog ac yn newid cyweirnod tua'r diwedd i fodloni ffan miwsig pop fel fi. Y broblem fawr ydy fod lot o'r caneuon yn disgrifio pobl a digwyddiadau bob dydd, ond heb yr ongl ddychanol sydd yn 'Loris Mansel Davies' a 'Ticlo dy Ffansi' i'w gwneud nhw'n ddoniol i gynulleidfa ehangach.

Roeddwn i'n meddwl mai hysbys o'r we oedd cychwyn 'Ceidwad y Beudy (Remix Twmpath Uncles of Groove)' ond be fedra i ddweud? Pwy sy ddim yn licio parodi o gân enwog gan Bryn Fôn 'de?!

### Ffrwydrad Tawel | Ani Glass
### Gethin Griffiths

Pop electronig gwrth-gyfalafol yw'r hyn a geir yn EP cyntaf Ani Glass fel artist unigol. Er y *nostalgia*, y mae sain retro *Ffrwydrad Tawel* yn ei gynnau ym mhennau ffans cerddoriaeth yr 80au, darlunia Ani ddyfodol apocalyptaidd yn ei chasgliad o chwe chân. Nid ffuglen wyddonol sydd yma, chwaith, gan iddi ein rhybuddio bod ein ffordd o fyw yn y byd sydd ohoni'n daith stryd un ffordd i ddinistr llwyr.

Mae'r electronica robotig, y melodïau bachog a'r llais benywaidd cryf yn fy atgoffa'n syth o albwm llwyddiannus Gwenno, *Y Dydd Olaf*. Mae'n amlwg fod natur arwynebol ein bywyd ni heddiw a'n obsesiwn â gwrthrychau arwynebol a masnach faterol yn bwnc pwysig i'r ddwy. Wedi dweud hynny, mae dylanwadau eraill yn amlwg ar Ani, ac mae'r bregeth lafar ailadroddus ar 'Cariad Cudd' yn atgoffa rhywun o Datblygu.

Heb os, 'Y Ddawns' ac 'Y Newid' yw'r ddwy gân gryfaf. Clywir y llais yn llawer cliriach yn y mics arnynt, sydd yn ei gwneud hi'n haws i amsugno ei negeseuon a'i sylwadaeth gymdeithasol graff. Mae 'na anthem gudd yn 'Y Newid'

ac mae'r campwaith hwn yn arddangos hyblygrwydd ei llais hypnotig i'r eithaf.

Mewn cyfnod pan mae ein cerddorion electronig yn fwy cynhyrchiol a swnllyd yn eu hymgyrch i hawlio sylw, mae'r EP hon yn ymuno â'r *Dydd Olaf* fel casgliad sy'n diffinio cyfnod cyffrous i gerddoriaeth danddaearol.

### Torpido | Lastigband
**Miriam Elin Jones**

Dychmygwch petai anghenfil wedi bwyta Blaidd, Uumar a'r Super Furries ac yna'n chwydu'i berfedd. Dyna, wrth straffaglu i feddwl am well gymhariaeth, yw'r ffordd orau o ddisgrifio sŵn unigryw Lastigband. Wedi ffurfio o aelodau Sen Segur a Memory Clinic, mae'r band yn gyfuniad o roc amrwd a synau seicedelig, a'r cyfuniad hwnnw'n blastio'n uchel ac eofn.

Mae'r trac agoriadol, 'Jelo', yn sicr yn debyg i stwff Sen Segur gynt, gyda gitârs ychwanegol yn tarfu ar y seicedelia gan altro'r alaw yn llwyr gyda'r gytgan. Naws dawelach sydd i 'Ti'n Rhydd', tra bod 'Rhedeg' yn gân ac iddi alaw heintus

sy'n eich denu i dapio'ch troed. Heb os, 'Arnofio' yw seren yr EP i mi, gyda sŵn yr allweddellau'n ffrantig a'r synths yn heintus.

Bedyddiwyd yr EP gan deitl addas iawn, *Torpido*, yn arf chwim a chyflym sy'n gwibio cyn ffrwydro. Mae'r casgliad yn fywiog, yn ymosodol felly ar brydiau, a theimlir weithiau (er 'mod i'n swnio fel Mam-gu yn datgan hyn) bod y foliwm dwtsh yn rhy uchel. Fodd bynnag, dyma gyfuniad diddorol o *genres*, ac er nad at ddant bawb, bydd hi'n ddiddorol gweld y sain yn datblygu a throsi'n rhan o set fyw yn y dyfodol.

### Llais/Voice | Mr Phormula
**Elain Llwyd**

Albwm cyfan wedi ei adeiladu gan un llais! Pob nodyn, rhythm ac effaith wedi ei wneud gan lais Ed ei hun! Mae'r syniad yn ddigon i ffrwydro pen rhywun ond mae ei glywed yn rhywbeth arall. Mae 'na LOT o adegau wrth wrando lle bysach chi'n taeru'n daer mai synth neu gyfrifiadur sy'n creu'r sain; y mwyaf amlwg ydy 'Curiadau Trwm' – anhygoel!

MR PHORMULA
LLAIS
VOICE

### Cadno | Cadno
**Miriam Elin Jones**

Nid sŵn "dinesig" (roc trwm a thywyll Breichiau Hir-aidd) sy'n perthyn i Cadno; yn hytrach, mae eu EP cyntaf yn bump trac ag alawon hamddenol braf, sy'n fwy nodweddiadol o'r bandiau gwledig. Mae'r trac cyntaf, 'Bang Bang', er enghraifft, yn gân gofiadwy sy'n ffitio'n ddestlus gyda nifer o fandiau sy'n cyfuno canu pop a gwerin ar hyn o bryd.

Mae i 'Helo, Helo' naws chwareus, gyda geiriau tafod-mewn-boch yn disgrifio carwriaeth chwerw-felys, a'r llais benywaidd yn ei gwneud hi'n anodd peidio cymharu ag artist fel Kate Nash neu Lily Allen ar ddechrau ei gyrfa. Hon, yn hytrach na'r traciau tywyllach a mwy difrifol eu naws, 'Mel' a '83', sy'n serennu.

Teimlaf fod 'Haf' hefyd dwtsh yn gawslyd ac ystrydebol, gan fradychu mai band ifanc sydd wedi creu'r casgliad. Serch hynny, cynigir EP gwreiddiol a diddorol gan fand o'r ddinas, a dyma aros yn eiddgar i weld beth fydd ganddynt i'w gynnig nesa.

Mae Mr Phormula hefyd yn dangos pa mor wych ydy ei sgiliau melodig ar un trac ar ddeg *Llais/Voice*. Rydan ni wedi clywed lot o *hooks catchy* ganddo yn y gorffennol, ond mae traciau fel 'Cwestiynau' a 'Lle Ma Dy Galon' yn arddangos pa mor wych ydy Ed am sgwennu cerddoriaeth yn ogystal â rhoi curiad hip-hop gwyllt i'r sîn Gymraeg.

Os dwi wirioneddol isio pigo ar rywbeth, yr unig drac wnes i ddim mwynhau cymaint â'r gweddill oedd 'Meicroffon' gan fod yr emosiwn ar hwn ddim yn teimlo mor ddidwyll â'r lleill rywsut. Ond mater o farn ydy hynny ac mae hwn yn dal yn wledd o glyfrwch rhythmig!

## Anrheoli | Yws Gwynedd
### Rhys Tomos

Ar ôl llwyddiant ysgubol albwm cyntaf Yws Gwynedd roedd y disgwyliadau'n uchel ar gyfer ei ail ac nid yw'n siomi. 'Sgrîn' a 'Disgyn Am Yn Ôl' sy'n dechrau'r albwm, dwy gân fachog sy'n nodweddiadol o steil pop hwylus Yws Gwynedd. Mae'r ddwy gân nesaf, 'Dal i Wenu' ac 'Effro Fyddi Di', yn fwy aeddfed, ddim mor chwareus na chyflym â'r ddwy gyntaf ond yr un mor ganadwy, yn enwedig yn ystod y cytgan.

Braf cael digon o amrywiaeth gyda fersiwn newydd o 'Dy Anadl Dau' yn defnyddio llais a phiano'n unig i greu sain newydd, ac i mi, un o uchafbwyntiau'r albwm, cân sy'n dangos cryfder a safon uchel llais Yws. Dechreua 'Geni Yn Y Nos' a 'Hyd Yn Oed Un' yn debyg, cyn datblygu'n wahanol iawn gyda'r ddwy yn adleisio sain yr albwm cyntaf.

Mae 'Anrheoli' yn debyg i'r ddwy gân gyntaf, yn fachog ofnadwy ac yn llawn egni, dwi'n gweld y dorf yn neidio i hon ym Maes B yn barod. Mae'r albwm yn gorffen â'r trac 'Un Man', cân arafach arall sy'n dangos dawn chwarae gitâr Ywain ac Ifan Davies, a nodyn swynol i orffen albwm safonol iawn.

## Sws Olaf | Messrs
### Owain Schiavone

Beth ydach chi'n ei gael wrth ddod â thri o gerddorion mwyaf dylanwadol Cymru ynghyd i greu band? Awgryma EP cynta Messrs mai rhywbeth cyffrous iawn ydy'r ateb.

Dyma gasgliad byr amrywiol, gyda phedair cân wahanol iawn i'w gilydd sydd efallai'n adlewyrchu ystod cerddorol eang y gwŷr (gweld be 'nes i fan'na?) sy'n gyfrifol.

Er cyfraniad Mark Roberts a John Griffiths yn cynnig cynfas perffaith, does dim amheuaeth mai Dave R. Edwards ydy seren y campwaith yma. Gall geiriau caneuon fod yn destun gwawd yn aml ac yn bethau ffwrdd â hi, ond dwi'n un sy'n gweld gwerth mawr mewn geiriau da, ac mae Dave yn un o'r meistri:

"Mi wn roedd rhaid i ti symud ymlaen, a fy ngadael yn fy unfan.

I eistedd mewn pwll o atgofion heb dy wên, heb unrhyw gusan."

Does dim llawer o gerddorion sy'n gallu gweu cwpled fel'na i gân, a dim ond un esiampl o nifer ydy'r cwpled hwn. Bu'n llawer rhy hawdd i ddisgrifio mynegiant Dave fel 'poeri geiriau' yn y gorffennol, ond ar Sws Olaf, mae o wir yn canu'r caneuon gyda theimlad, sy'n beth hyfryd.

Er yr amrywiaeth cerddorol – o sŵn low-fi peiriant drymiau a strymio cyson 'Hangover Rhyw', i'r faled swynol 'Gwasanaeth Lles' a chynildeb synths 'Heb Unrhyw Gusan' – mae un thema'n clymu'r caneuon, sef diwedd perthynas. Ond er y testun, does dim chwerwder yn y caneuon, dim ond hiraeth.

## Gwalia | Gai Toms
### Gwilym Dwyfor

Mae Gai Toms yn cydnabod ei fod yn benthyg ac yn ailgylchu ar yr albwm yma, boed hynny yng ngeiriau Bob Marley-aidd 'Yr Hwyliau' neu yn y nod a roddir i Gruff Rhys yn 'Bôrd', neu hyd yn oed yn yr alawon Cyndi Lauper sydd yn codi'u pen yma ac acw. Ond cyn i chi ddigalonni, benthyg o barch sydd yma, nid ryw gopïo slei dros yr ysgwydd.

Daw'r enghraifft amlycaf o hyn yn nheitl-drac yr albwm, 'Gwalia', lle mae Gai wedi llwyddo i gymryd fersiwn Eleri Llwyd o'r gân 'O Gymru' a chreu darn

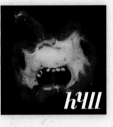

newydd o gelfyddyd sydd yn berthnasol i 2017 ond yn deilwng o'r gwreiddiol hefyd.

Yng nghanol amrywiaeth aml-*genre* *Gwalia*, yr hyn sy'n clymu'r cwbl at ei gilydd yw'r thema gref, gyda llais cenedlaetholgar asgell chwith heddychlon Gai'n plethu'n gywrain trwy'r cyfanwaith. Weithiau'n ddwys fel yn 'Hau/Chwyldro Mawr Pawb' ac weithiau'n ddoniol fel yn 'Costa del Jeriatrica', yr un yw'r alwad, "Deffrwn". *Gwalia* mewn gair? Perthnasol.

### Hyll | Hyll
### Gwilym Dwyfor

Anela Hyll 'Sling Shot' atom ar ddechrau'r EP yma gan daro'r nod yn syth. Mae'r trac agoriadol yn llawn egni afieithus a brwdfrydedd heintus. Felly hefyd 'Efrog Newydd, Efrog Newydd', cân arall sy'n llawn agwedd, bwrlwm a riffs bachog. Her i unrhyw un sefyll yn llonydd wrth wrando ar ddechrau'r EP yma.

Ceir naws fymryn yn wahanol yn 'Ganja Cartref Mam' sydd yn naturiol yn perthyn yn agosach i arddull *stoner rock*. Braf gweld band ifanc yn cael ychydig o hwyl a pheidio cymryd eu hunain ormod o ddifrif er gwaethaf eu talent amlwg.

Dychwelir at yr arddull egnïol mewn steil wrth iddynt barodïo 'Godro'r Fuwch' yn 'Cilio' cyn iddynt brofi eu hyblygrwydd drachefn wrth orffen y casgliad gyda'r arafach, 'Rhwng dy Galon a dy Gnau'. Sgen i'm llawer o fynadd efo'r trac olaf yma (mae o'n fy atgoffa i fymryn o ganeuon arafach Yws Gwynedd), ond dwi'n meddwl bod hynny gan fy mod i wedi mwynhau'r gweddill gymaint.

### Toddi | Yr Eira
### Ifan Prys

O'r diwedd, mae gan Yr Eira albwm ar y silffoedd a dwi'n amau'n gryf os daw dawn y band i sgwennu clincars fyth i ben.

Gan barhau i fod yn fand gitâr cryf, mae'r band wedi llwyddo i greu casgliad perffaith o ganeuon bachog a chofiadwy. Yn gyfuniad o draciau hamddenol ynghyd â rhai ychydig trymach, dyma gyfanwaith sy'n adlewyrchu dylanwad bandiau fel The Strokes a The Libertines.

Dyma albwm dwyieithog sy'n sicr o ledaenu enw'r band, gyda 'Rings Aroud Your Eyes' a 'Feeling Fine' yn draciau sy'n sefyll allan. Dyma gasgliad hefyd sy'n adlewyrchu gallu'r band i ysgrifennu geiriau treiddgar sy'n mynd o dan groen themâu bywyd bob dydd ac sy'n aros yn y cof.

Er bod caneuon cynharach megis 'Elin' yn parhau i gyffroi cynulleidfaoedd, teimlaf fod y gerddoriaeth wedi datblygu ac aeddfedu llawer ac mae'r albwm yma'n gofnod o hynny. Heb os, dyma gyfanwaith cyffrous dros ben, a theimlaf fod Yr Eira wir wedi darganfod eu sŵn.

### Bach | Bethan Mai
### Rhys Tomos

'Bach' sy'n agor yr EP, cân lawn synau synth gofodol a'r geiriau "Bach hedyn bob mawredd / Bach bob dyn a dybia ei hun yn fawr" mewn *ostinato* drwyddi. Mae'n cyflwyno synau gwahanol drwy'r gân, o synau tincian metalaidd i sain synth traddodiadol, gyda chwymp sydyn yng nghanol y darn efallai yn drosiad am agwedd y dyn. 'Aderyn Pur' yw'r ail gân sydd, fel y gyntaf, yn cynnig digon o sain synth ond hefyd sain gitârs cryf. Mae'r llais yn amrywio drwy'r gân, o arddull *canon* i gôr i sibrwd – mae'n wahanol ond yn gweithio'n dda!

Mae'r EP yn cau gyda chân fer ond swynol iawn, 'Wedi Mynd', cân gwbl wahanol i'r lleill, lle mae llais unigryw Bethan yn asio'n berffaith â sain y piano. Mae'n siom mai 'bach' yw maint yr EP gan fy mod wedi mwynhau'r tri thrac yn fawr.

### Bwncath | Bwncath
### Gwilym Dwyfor

Anaml y bydda i'n cael y cyfle i adolygu cerddoriaeth rhywun dwi'n gwybod cyn lleied amdanyn nhw ac mae hynny'n beth braf. Erbyn sylwi, roeddwn i wedi clywed dipyn ar drac agoriadol yr albwm hwn gan fod 'Barti Ddu' wedi cael sawl sbin ar raglenni "amser gyrru" Radio Cymru.

Mae honno'n eithaf nodweddiadol o weddill y casgliad, offerynwaith hynod grefftus a llais hagr llawn cymeriad y prif leisydd, Llywelyn Elidir Glyn, yn ganolog. Mae'n anodd rhoi bys ar yr union arddull yma, sydd wastad yn beth da ond yn sicr mae'r teimlad gwerinol a byw sydd yn cael ei greu yn hynod effeithiol ac yn bluen yn het gynhyrchu Robin Llwyd.

Mae 'Cân Lon' yn uchafbwynt ac yn fy atgoffa o stwff Chris Jones. Er fy mod i'n dechrau diflasu tua dau neu dri thrac o'r diwedd, mae'r casgliad yn gorffen yn gryf gyda fersiwn hyfryd o gân enwog y diweddar Alun Sbardun Huws, 'Coedwig ar Dân', teyrnged deilwng a recordiwyd fel rhan o Sesiynau Sbardun Radio Cymru.

### Lle Awn ni Nesa'? | Patrobas
### Bethan Williams

Mewn gair – eclectig.
Gallai rhai caneuon, drwy eu naws, berthyn i oes a fu, a dydy hynny ddim yn wendid. Enghraifft o hynny yw 'Power to the People!' nad yw'n cyfeirio at unrhyw ddigwyddiad na chyfnod, gallai fod yn hanes y Siartwyr neu Ferched Beca o ran sŵn a geiriau ond mae'n ddigon perthnasol i heddiw hefyd.

Mae rhan gyntaf 'Difyrrwch Sieff-Sieffre' yn debyg, yn werinol a naws dawns draddodiadol iddi. Hon yw'r gyntaf o ddwy gân offerynnol ar yr albwm, a'r ddwy'n rhoi cyfle i'r ffidlwr ddangos ei ddawn. Y gerddoriaeth sy'n gosod naws pob cân.

Mae amrywiaeth o ganeuon o'r dechrau, mae 'Creithiau' yn agor yr albwm â sŵn mynachaidd-ganol-oesol a dirgel cyn ein tynnu i'r presennol gyda sŵn mwy popi cyn trawsnewid eto i fod yn agos at ganu gwlad. A hynny i gyd yn slic o fewn yr un gân.

Gallai 'Dalianiala' fod yn ddeuawd o sioe gerdd o ran ei sain a'r stori amlwg sy'n cael ei hadrodd ac ae naws mwy pop ysgafn i 'Merch y Môr'. Mae cerddoriaeth draddodiadol a chanu pop ysgafn mwy diweddar yma felly, a phopeth, bron, fu rhyngddynt.

# Gigs 2017

Gigs ydy asgwrn cefn y sin gerddoriaeth Gymraeg gyfoes. Trwy gigio cymaint â phosib mae'r artistiaid yn meithrin eu crefft, ac mewn gigs bach a mawr y byddwn ni fel ffans yn darganfod ein hoff fandiau. Ac wrth gwrs, maen nhw'n lot o hwyl!

Mae 2017 wedi bod yn glamp o flwyddyn dda o ran gigs a gwyliau cerddorol, ac i roi blas o hynny, dyma hoff gigs rhai o ddarllenwyr *Y Selar*.

## GÌG Y PAFILIWN, STEDDFOD MÔN

**Elin Tomos, 21 oed, Nant Peris / Aberystwyth**

Gìg y Pafiliwn oedd fy hoff gìg i yn 2017 – roedd o'n dda eu bod nhw 'di llwyddo i gynnal momentwm y flwyddyn gynt.

Mae cynnal noson fel yma'n cynnig gobaith gan fod 'na gymaint o ymosodiadau ar y Gymraeg wedi bod, yn enwedig o gwmpas cyfnod y gìg yma, ac roedd o'n briodol bod Yr Eira wedi bod ar *Newsnight* a hwythau'n chwarae yn Gìg y Pafiliwn.

## GÌG FFRINJ GWOBRAU'R SELAR

**Rhun Wmffre Dafydd, 22 oed, Y Bontfaen / Aberystwyth**

Fy hoff gìg o'r flwyddyn oedd gìg ffrinj Gwobrau'r Selar wedi'i drefnu gan UMCA.

Er i'r hedleinar, Dau Cefn, dynnu mas ar y funud olaf, fe gafwyd noson a hanner. Roedd yr Hen Lew Du yn Aberystwyth dan ei sang, ac roedd setiau gwych gan Los Blancos, Mellt a Mosco. Roedd 'na awyrgylch arbennig ar lwyfan llawn bwrlwm.

Dyma fy hoff fath o gigs i ddweud y gwir, mewn tafarndai llawn dop, chwyslyd, lle mae cysylltiad agos rhwng y gerddoriaeth a'r dorf. Roedd gìg Tafwyl yng Nghlwb Ifor Bach gydag Y Reu a Hyll yn un arall – doeddwn i heb glywed yr un o'r ddau fand ers amser maith felly roedd yn chwa o awyr iach.

## GWOBRAU'R SELAR

**Ruth Morgan, 19 oed, Caerfyrddin / Aberystwyth**

Bydden i'n gweud taw Gwobrau'r Selar o'dd y *stand out* gìg i fi eleni, achos roedd fy hoff fandiau i'n whare, sef Cowbois Rhos Botwnnog a Candelas.

## GÌG STEDDFOD RHYNG-GOL BANGOR

**Mirain Llwyd, 21 oed, Llangwm / Caerdydd**

Ma hyn chydig yn *cheesy*, ond fy hoff gìg eleni oedd gìg Steddfod Rhyng-gol Bangor yn mis Mawrth.

Roedd Band Pres Llareggub yno, Candelas ac Yr Eira, sy'n dri band dwi wirioneddol yn mwynhau felly roedd o'n anhygoel. Nath Candelas chwarae 'Rhedeg i Paris' ac a'th y lle yn wallgo. Ac roedd yr awyrgylch tra bod Band Pres Llareggub yn chwarae yn *immense*.

## OMALOMA YNG NGŴYL Y DYN GWYRDD

**Sara Alis, 20, Penrhosgarnedd / Caerdydd**

Blwyddyn arall llawn gigs di-rif a digwyddiadau i'w cofio. Wrth edrych yn ôl ar alawon y llynedd, sialens oedd penderfynu ar yr uchafbwyntiau. Gyda digwyddiadau Twrw yng Nghlwb Ifor Bach bob amser yn plesio, ac yn ddefod fisol i gryn dipyn o fyfyrwyr Caerdydd, roedd yn rhaid i mi gynnwys eu gwaith fel un o fy uchafbwyntiau.

O hynny, un gìg sy'n dod i'r meddwl yw gìg Twrw fis Mawrth gyda Candelas, Chroma a Cpt Smith yn chwarae. Roedd hi'n braf gweld tri band gydag arddull unigryw, ond eto'n gweithio mor dda gyda'i gilydd fel cyfanwaith, ac yn uno myfyrwyr Caerdydd â'i gilydd.

Mae gìg Omaloma yng Ngŵyl y Dyn Gwyrdd reit ar dop fy rhestr uchafbwyntiau eleni hefyd. Gan fy mod yn ffan mawr o synau 'synthi' ac arddull *space-pop* yng ngherddoriaeth fel Tame Impala a Melody's Echo Chamber, teimlaf fod Omaloma yn fand hynod gyffrous ar hyn o bryd, a Serol Serol yn dynn wrth eu

sodlau. Roedd eu gìg yn y Dyn Gwyrdd yn hollol hudolus, gyda'u synau synth yn atsain drwy'r coed ar lwyfan Rising, a chynulleidfa amrywiol yn eu mwynhau.

Gyda 2018 bellach ar y gorwel, alla i ddim ond edrych ymlaen at glywed mwy gan Omaloma â'u harddull *glittery*, freuddwydiol.

### SESIWN FAWR DOLGELLAU
**Ifan Gwilym Pritchard, 18 oed, Pontrhydybont ger Caergybi**

Mae'r Sesiwn Fawr yn Nolgellau yn un o brif wyliau calendr dilynwyr cerddoriaeth werin, a'r sin gerddoriaeth Gymraeg wrth gwrs. Dechreuodd 'nôl yn 1992, ac ers hynny mae wedi cynnal rhai o nosweithiau mwya cofiadwy'r sin, gyda Super Furry Animals yn chwarae ar y Marian yn 2005 i enwi dim ond un noson eiconig – digon eiconig i mi fod wedi clywed amdano, er nad ydw i erioed wedi bod i'r ŵyl tan eleni!

Efallai nad yw torfeydd Furries yn gwneud eu ffordd i Ddolgellau erbyn hyn, ond tydy hynny ddim i'w weld wedi effeithio ar ysbryd nac awyrgylch yr ŵyl. Un peth oedd yn syndod i mi oedd yr amrywiaeth o gerddoriaeth oedd yn rhannu pob llwyfan yn Nolgellau – bandiau fel Calan a Sŵnami ar lwyfan y Ship nos Iau; gwerin ac indi, roc a chanu corawl yn rhannu'r un gynulleidfa. Jams gwerinol hwyrnos ger y Torrents Walk, paneli llenyddiaeth ac amrywiaeth o gerddoriaeth yn Nhŷ Siamas, setiau tawel a phersonol yn y Cwrt Bach Cudd, ac wrth gwrs y prif ddigwyddiad yng nghefn y Ship.

Fel y Steddfod bron, doedd dim diwedd i'r sŵn, a gormodedd o ddewis. Hyfryd oedd gweld cefnogaeth ryngwladol i'r ŵyl – Ffrangeg, Sbaeneg a ieithoedd Celtaidd yn cael eu llefaru o'm cwmpas am ddau y bore, yn gefndir i'r gerddoriaeth werinol tu allan i'r Torrents Walk. Mae'n syndod 'mod i heb fod i'r Sesiwn Fawr o'r blaen, ond yn sicr bydd taith lawr i Sir Feirionnydd ar y calendr erbyn Gorffennaf 2018.

### CANDELAS, BREICHIAU HIR A WIGWAM @ Y PAROT
**Morgan Llewelyn-Jones, 17 oed, Drefach ger Llanelli**

Tua 4 mis yn ôl fe wnes i a chwpwl o ffrindiau benderfynu ein bod ni am drefnu a chynnal gìg ar y cyd gyda Chymdeithas yr Iaith yn ein hardal, Caerfyrddin.

Roedd yn rhaid i ni benderfynu ar y bandiau, lleoliad, dyddiad, pris tocynnau, creu posteri a hyrwyddo'r gìg. Penderfynom mai'r lleoliad gorau fyddai'r Parot yng nghanol Caerfyrddin.

Roedd rhaid sicrhau fod gan y gìg

leinyp cryf a deniadol. Felly i hedleinio, penderfynom mai Candelas oedd yr opsiwn gore gan fod ganddynt gynulleidfa fawr yn eu dilyn. Roedd y band pync, Breichiau Hir, a'r band ifanc newydd o Gaerdydd, Wigwam, yn eu cefnogi.

Fe wnes i a fy ffrind Mabon benderfynu bod yn DJs rhwng y bandiau, dan yr enw DJs Cno Fe. Fe wnaethom chwarae amrywiaeth o ganeuon – o ganeuon adnabyddus Y Cyrff i sŵn pop electronig newydd Omaloma.

Roedd hi wir yn noson lwyddiannus ac yn un i'w chofio i bawb oedd yna. Rydym eisoes wedi dechrau ar drefniadau'r gig nesaf, felly cadwch olwg am hwnnw.

### HA' BACH Y FIC
**Gruffydd Ifan, 25 oed, Y Ffôr**

Ar ddiwrnod glawog ym mis Medi roedd môr o ganu tu mewn i Dafarn y Fic, Llithfaen. Hon oedd y bedwaredd flwyddyn yn olynol i ddigwyddiad Ha' Bach y Fic gael ei gynnal, ac mae'r ŵyl yn mynd o nerth i nerth bob blwyddyn.

I gychwyn y prynhawn roedd y band gwerin Bwncath, a wnaethon nhw ddim siomi. Roeddwn yn edrych ymlaen at wrando ar y band gan fy mod wedi lawrlwytho eu halbwm newydd ar fy Spotify ychydig ddyddiau ynghynt, a wnaethon nhw ddim siomi. Wedi hyn

roedd deuawd ganu gwlad enwocaf Cymru, John ac Alun, yn diddanu'r dorf gyda'u clasuron, gan gynnwys yr anthem 'Chwarelwr' yn cael ei morio i orffen eu set.

Rhywbeth tra gwahanol oedd nesaf, gyda'r band ifanc Gwilym yn sŵn hollol wahanol i'r bandiau eraill, a braf oedd gweld y dorf yn ymateb mor gadarnhaol iddyn nhw. Band lleol arall oedd nesaf, gyda Patrobas yn gosod eu stamp unigryw ar yr ŵyl, a braf oedd clywed yr albwm newydd yn cael ei chanu'n fyw gan y band.

Erbyn i Geraint Løvgreen gychwyn roedd y dafarn dan ei sang a doedd hyd yn oed larwm tân yn tarfu ar y band ddim yn gallu sbwylio ar y mwynhad. Ac i orffen y noson y flwyddyn hon roedd Gai Toms, sy'n gallu diddanu cynulleidfa gyda'i diwns cofiadwy a geiriau sydd yn aros yn y cof.

Diwrnod gwerth chweil a diolch i Dafarn y Fic unwaith eto.

### TWRW TRWY'R DYDD
**Lleu Bleddyn, 20 oed, Llanbrynmair**

Fy hoff gìg dros y flwyddyn ddiwethaf oedd gìg Twrw Trwy'r Dydd yng Nghlwb Ifor Bach 'nôl ym mis Mai.

Un o'r lleoliadau gorau i fwynhau cerddoriaeth fyw, a Cowbois Rhos Botwnnog yn anhygoel fel arfer.

### CAM 17
**Elin Meredydd, 25 oed, Caerdydd**

Gŵyl 'nes i wir fwynhau eleni oedd CAM 17 yng Nghaerdydd, lle roeddwn i hefyd yn perfformio fel rhan o'r digwyddiad.

Cefais gyfle i dwyllo cynulleidfa Gŵyl CAM eleni i daflu rhosod a *party poppers* ger fy nhraed wrth i mi berfformio ar falconi Mischief's yn y Bae. Roedd cael perfformio mewn canolfan wahanol i'r arfer yn brofiad newydd, ac ro'n i'n teimlo'n lwcus iawn i gael rhannu llwyfan efo artistiaid dwi wedi edmygu ers oes, fel Llwybr Llaethog a Bob Gelsthorpe.

Uchafbwynt oedd darganfod Pipes, a 'nes i fynd braidd yn wyllt yn dawnsio i'w set hi! Ymysg yr artistiaid eraill gwych oedd yn perfformio yn yr ŵyl arbennig yma oedd Georgia Ruth Williams, Recordiau Neb a Machynlleth Sound Machine.

### MAES B
**Deian Jones, 19 oed, Sarnau ger Y Bala**

Mae Maes B erbyn hyn yn sicr yn un o uchafbwyntiau cerddorol mwyaf y flwyddyn yng Nghymru, ac mae'n braf gweld yr ŵyl hon yn tyfu pob blwyddyn. Ac yn bendant eleni, wnaeth hi ddim siomi.

Mae Maes B yn gyfle gwych i weld rhai o brif fandiau'r sin ar eu gorau, gyda pherfformiadau egnïol gan fandiau megis Candelas, Ffug, Cpt Smith ac Y Reu yn aros yn y cof, yn ogystal â bandiau mwy newydd megis Chroma, ac yn bendant Ffracas – band sydd wedi datblygu'n fawr dros y flwyddyn ddiwethaf.

Ni fedrir sôn am Eisteddfod Môn heb grybwyll y perfformiad arbennig ar y nos Wener ar Lwyfan y Maes gan Eden. Yn bendant, bydd y noson hon yn aros yn y cof am amser maith.

Mae gìg Cymdeithas yr Iaith ar y nos Lun hefyd yn un o uchafbwyntiau Eisteddfod Môn, sef noson mewn cydweithrediad â Recordiau I Ka Ching, gyda thri band oedd yn dilyn ei gilydd yn dda, sef Cpt Smith, Ysgol Sul a Candelas.

# Colofnau

**Rydyn ni'n falch iawn o'r amrywiaeth difyr o golofnwyr sydd wedi cyfrannu i'r *Selar*, a'r sylwebaeth graff ganddyn nhw ynglŷn â gwahanol agweddau o'r sin. Dyma ddetholiad o'n hoff golofnau diweddar ni o'r cylchgrawn.**

## Cyfleoedd i'r Cymry

**Leigh Jones (Rhifyn Awst 2017)**

Nid fy mod i eisiau dangos fy oed, ond roedd fy ymweliad cyntaf â Maes B pan oedd Maes-e (heddwch i'w lwch) yn dal i fod yn ganolbwynt i'r sin roc Gymraeg, pan gynhaliwyd nosweithiau yn y chwedlonol TJ's yng Nghasnewydd (heddwch i'w lwch), a phan oedd Pep Le Pew (heddwch i'w llwch) yn *headliners*.

Ond mae o wastad yn teimlo fel atgof diweddar – dyna bŵer Maes B, brawd bach i'r Eisteddfod Genedlaethol, ond yn ddigon unigryw ac amgen i sefyll ar ei ddwy droed ei hun.

Mae goreuon cerddoriaeth bop o Gymru wastad wedi ymddwyn yn y ffordd yma, yn unigryw ac amgen. Meddyliwch am y Super Furries neu Gorky's yn y 90au, bandiau hollol boncyrs yn nhermau eu cyfansoddi, efo'r hunanhyder i beidio ag ofni bod yn od.

Rydym ni'n hynod ffodus yn y sin Gymraeg fod amrywiaeth cystal gennym ni a bod yr isadeiledd yn ei le i helpu bandiau gyrraedd a chysylltu â'u cynulleidfaoedd.

Chewch chi ddim gyrfa hir na ffrwythlon heb ddawn, ond mae'r cyfleoedd sydd ar gael i fandiau Cymru yn anghredadwy. Mae llawer o (hen) bobl yn galaru o hyd ddiwedd *Fideo 9* yn y 90au cynnar, ond mae 'na gymaint o lefydd yn y cyfryngau o hyd i fandiau newydd Cymru. Mae rhaglen Lisa Gwilym ar Radio Cymru yn un amlwg ond mae Adam Walton yn chwarae cerddoriaeth newydd o Gymru yn y ddwy iaith ar Radio Wales bob wythnos hefyd. Mae hyn i gyd, heb hyd yn oed sôn am gynrychiolaeth y sin roc Gymraeg ar y teledu.

Dwi ddim yn dweud bod rhaid jyst chwarae caneuon mewn tiwn i gael eich hun ar y teledu yng Nghymru, ond mae gyrfaoedd cerddorion Cymraeg gamau helaeth ar y blaen i'w cyfoedion unieithog o'r cychwyn cyntaf. Rhywbeth unigryw ac amgen sydd werth ei ddathlu dros wythnos y Steddfod.

# Hip-hop Cymraeg?

**Casi (Rhifyn Mehefin 2017)**

Gan ystyried bod hip hop yn gyfrwng artistig a cherddorol a dyfodd o boen, annhegwch cymdeithasol a'r angen i sefydlu llais, mae'n ddifyr nad oes 'na lawer o gerddorion ac artistiaid o Gymru'n creu cerddoriaeth neu weithiau ac iddynt flas o ddylanwadau diwylliant rap neu hip-hop. Roedd Datblygu, am wn i, yn arbrofi gyda mynegiant llafar a lleisiol, oedd yn gymharol eneidiol mewn rhai ffyrdd, yn sicr felly'n ffurf o fynegiant a oedd yn sylwebu ar arferion a rhwystredigaethau cenedl. Ma Mr Phormula yn enghraifft o rywun sy'n amlwg wedi ei ddylanwadu'n sylweddol gan artistiaid Affro-Americanaidd, fel yr oedd MC Mabon hefyd. Ac wrth gwrs, yr athrylithgar Pep Le Pew, sydd yn fy nhyb i yn un o'r grwpiau gorau i Gymru gynhyrchu erioed. Dim un o'r rhain yn ferched.

Un grŵp sydd yn ysgrifennu o bersbectif merched yw Reykjavíkurdætur ('Merched Reykjavik') o Wlad yr Iâ, a wnaeth imi feddwl am gerddoriaeth a diwylliant mwy llafar ei fynegiant yng nghyd-destun Cymru. Dyma grŵp o tua 19 o ferched o'r ynys sy'n prysur wneud tipyn o enw iddynt eu hunain.

"Dwi'n dynnach na motherfuc*ing plethan Ffrengig / Dwi'n lledu fy hun ar dy gynfasau gwely fel staen mislif," (cyfieithiad digon gwantan ar fy rhan, er dydy'r 'Ffrengig' a'r 'mislif' ddim yn swnio'n rhy ffôl gyda'i gilydd). Dyma grŵp sy'n canu am yr hyn sy'n bwysig iddyn nhw, gyda rhyw, trais a ffeministiaeth ymhlith y prif themâu. Cymysg yw'r ymateb wedi bod i Reykjavíkurdætur yn eu gwlad enedigol, gyda'r gynulleidfa wrywaidd yn enwedig (pwy fysa'n meddwl) wedi bod yn anghefnogol gan honni nad ydyn nhw'n 'gerddorion go iawn'.

Yn amlwg, gellir dadlau ei bod hi'n broblematig gweld pobl wyn yn ceisio rhoi cynnig ar greu cerddoriaeth sydd â'i wreiddiau mewn diwylliant sy'n ganlyniad i ormes yn erbyn y gymuned ddu. Ar y llaw arall, mae'n bwysig cydnabod bod hip-hop a rap yn blatfform agored gyda'r pŵer i lwyfannu ystod eang o leisiau lleiafrifol. Ymladd dros hawliau merched y mae Reykjavíkurdætur, gan weld hip-hop fel ffordd o sianelu barddoniaeth wleidyddol yn eu hiaith gynhenid.

Felly, Gymru, efallai ei bod hi'n amser gadael y gitâr cyn aildanio'r hyn a elwid yn ddychymyg?

# Dim byd yn digwydd

**Dyl Mei (Rhifyn Awst 2017)**

400 gair meddan nhw, ia dim problem medda fi. Ista, meddwl. Dim byd. Teipio, dileu, teipio, yfed panad o de, 'na i o fory, fory'n cyrraedd, sbio ar wal, cysgu. Mae'r ffaith fy mod i'n straffaglu i feddwl am rywbeth difyr ynglŷn â'r sin gerddorol Gymraeg yn fy mhoeni fi ychydig. Does 'na ddim byd o ddiddordeb wedi digwydd ers tua 2005.

Mi fasa'n bosib mynd ar ôl y ffaith bod 2017 hyd yma wedi bod yn flwyddyn ragorol am gerddoriaeth newydd Gymraeg, gyda label Libertino o Gaerfyrddin yn creu sŵn newydd pop seicedelig efo'r bandiau Adwaith ac Argrph. Neu ella y gallwn i gyfeirio at ofodwyr cerddorol Dyffryn Conwy, Omaloma a Serol Serol, sy'n gwibio heibio fel comed arallfydol. Neu ella drafod recordiau JigCal o Gaerdydd yn creu darlun sonig o hyder ieuenctid y ddinas. Ond na, *bored* 'ŵan.

Pam does 'na'm unrhyw beth difyr i hen foi 36 oed fel fi lenwi colofn yn ei gylch? Cymerwch Soundcloud Cymraeg er enghraifft. Does 'na'n bendant ddim byd i'w glywed yn fan'na. Wel, heblaw am symudiad tanddaearol cwbl ar wahân i brif ffrwd y radio a'r teledu. OLAG, Titus Monk, Anna, Bryn Morgan a Pys Melyn i enwi llond dwrn o artistiaid arbrofol sydd yn gwthio ffiniau cerddoriaeth Gymraeg ymhellach nag erioed, a hyn ar eu liwt eu hunain.

O'n i'n arfer bod mewn bands, 'chi? Does 'na'm gair Cymraeg am *nostalgia*! Finyl 'di bob dim 'di mynd, er ddim i label NEB, sydd wedi bod yn rhyddhau casetiau trwy'r flwyddyn. Artistiaid fel Ani Glass a Twinfield yn ffrwydradau bach magnetig llawn synau'r 80au, dim ond bod hynny wedi'i guradu trwy sbectol 2017. Ond dwi'm am sgwennu am hynny, oherwydd does 'na ddim byd yn digwydd yn 2017.

O'n i am ysgrifennu am LP newydd Yr Eira, ond pam fysa unrhyw un isio darllen am record hir Gymraeg sydd yn dal ei thir efo unrhyw LP o Loegr eleni? Oes 'na bwynt trafod albwm Mr Phormula? Dydy o ond wedi recordio'r cwbl yn defnyddio'i lais, i fod yn deg. Ydy hi'n rhy hwyr i ysgrifennu am Pep le Pew? Neu am Y Blew yn 1967? Doedd Spotify ddim yma hanner can mlynedd 'nôl, nag oedd! Diolch byth am hynny. Pwy sydd isio gweld ffigyrau gwrando bandiau Cymraeg fel Yws Gwynedd yn dechrau taro'r cannoedd o filoedd? Dydy hynny ddim yn eu gneud nhw'n ddigon prin. Dwi'n methu casglu caneuon Spotify a brolio be 'di eu gwerth nhw! *Hang on*, pam nad oes 'na neb 'di gofyn i fi neud rhestr 10 FINYL gora? Fysa hynna 'di bod lot haws na hyn.

# Galwad Ban Geltaidd!

### Iestyn Tyne (Rhifyn Mehefin 2017)

Rhy brin ydy'r cyfleoedd i fandiau Cymraeg fentro y tu hwnt i ffiniau'n gwlad fach ni a pherfformio ar lwyfan rhyngwladol, ond ydy'r bai am hynny ar y Cymry eu hunain weithiau? Efallai i chi weld fy rant ar dudalennau'r *Cymro* (28 Ebrill) yn sôn am hynny yng nghyd-destun yr Ŵyl Ban Geltaidd yng Ngharlow eleni. Digon hallt oedd yr erthygl honno yn ei beirniadaeth o *top dogs* yr ŵyl, a digon hallt fu ymateb rhai o'r *top dogs* rheini i'r erthygl! Heb fanylu'n ormodol (rhyw stribedyn o golofn dwi 'di gael!), roedd agweddau ceidwadol, cul a hunanfodlon y gynrychiolaeth Gymraeg yng Ngharlow yn fy ngwylltio.

Rydan ni'n wlad liwgar ac amrywiol; mae gennym ni gerddoriaeth a barddoniaeth a llenyddiaeth a chelf; mae gennym ni bobl o bob lliw a llun, strêt a hoyw, crefyddol ac anghrefyddol, eisteddfodol a gwrth-eisteddfodol; rhai sy'n glynu at draddodiad a rhai sy'n codi dau fys arno. Mae'n eitha boncyrs felly mai corau, partïon cerdd dant a grwpiau dawnsio gwerin yw trwch y bobl sydd yn ein cynrychioli NI, Cymry'r unfed ganrif ar hugain, mewn gŵyl a ddylai fod ar gael i ni oll fel llwyfan i'n diwylliant a'n celfyddyd.

Dwi am bwysleisio yma, er bod sail yn sicr i'r gred mai rhyw fath o *closed shop* yw'r ŵyl wedi bod yn y gorffennol, na ddylai neb deimlo na fedran nhw fynd draw i'r Ŵyl Ban Geltaidd. Mae 'na griw bychan wedi cael monopoli o fath ar y gynrychiolaeth Gymraeg yn ddiweddar, ond mae'n amser i bethau newid. Ddaw 'na ddim byd o anfon criw o hen bobl yn unig i eistedd mewn hotel crand yn Iwerddon am wythnos.

Mi wnes i orffen yr erthygl yn *Y Cymro* efo'r paragraff yma:

*'Galwad ydy'r darn yma, galwad am gic ym mhen ôl y parchusrwydd bondigrybwyll a galwad i'r bobl ifanc niferus hynny sy'n teimlo'n gryf dros eu diwylliant a'u traddodiadau godi pac am wythnos a dŵad draw i Derry flwyddyn nesaf... Dŵad am sesh, a dŵad i ganu caneuon hen a newydd fel ei gilydd, a phrofi ar lwyfan rhyngwladol nad breuddwydion sydd wedi encilio i fyd y genhedlaeth hŷn yw ein hiaith a'n diwylliant. Rydan ni'n wlad sydd ar ganol profi adfywiad aruthrol yn ein cerddoriaeth ein hunain. Mae angen i ni ddangos hynny i'n cefndryd Celtaidd hefyd, rhag ofn i ni gael ein gadael ar ôl.'*

# Hir oes i'r albwm

**Gwilym Dwyfor (Rhifyn Mehefin 2017)**

Roeddwn i'n pori'n ddiweddar dros y rhestr o albyms sydd yn gymwys ar gyfer gwobr Albwm Cymraeg y Flwyddyn 2017. Does gen i ddim ystadegau i gefnogi'r datganiad yma ond mae hi'n teimlo fel nad oes gymaint â hynny o albyms yn cael eu rhyddhau y dyddiau hyn.

Rhyw bump ar hugain albwm Cymraeg a gafodd eu rhyddhau rhwng Mai 2016 ac Ebrill 2017 yn ôl pob tebyg, gyda tua hanner y rheini efallai yn dod o dan y faner "cerddoriaeth Gymraeg gyfoes" sydd yn cael sylw yn *Y Selar*.

Mae gennym ein gwobr Record Hir Orau ein hunain wrth gwrs bob blwyddyn yng Ngwobrau'r Selar ac mae hi wedi bod yn sialens dod o hyd i ddigon o albyms i ffurfio rhestr hir o ddeg ar ambell achlysur dros y blynyddoedd diwethaf.

Mae dau gwestiwn felly am wn i. Yn gyntaf, ai dim ond cyd-ddigwyddiad dros dro yw hyn neu ydy fformat y record hir yn mynd allan o ffasiwn yn barhaol? Yn ail, ac yn bwysicach o bosib, oes ots?

Dwi'n siŵr fod sawl rheswm pam mae bandiau ac artistiaid yn gynyddol ffafrio senglau ac EPs dros gasgliadau hirach. Arian yw'r prif un, dwi'n siŵr, ac efallai bod digideiddio'r broses ryddhau yn un o'r lleill.

Heddiw, gall unrhyw un gyfansoddi, recordio, cynhyrchu a rhyddhau cerddoriaeth heb symud o'u hystafell wely ac mae hynny'n beth i'w groesawu ar sawl ystyr. Golyga hynny wrth gwrs fod yr hidlen safon yn dipyn haws i'w osgoi ond, yn y bôn, y gwrandawyr a ddylai feirniadu os ydy rhywbeth yn ddigon da.

Mewn cyfweliad yn rhifyn Mehefin 2017 o'r *Selar* gyda Gai Toms roedd hi'n ddifyr clywed ei fod o'n gweld senglau fel rhywbeth mwy "ffwrdd â hi" a bod albyms yn cynnig cyfle gwell i roi ystyr a syniad o gyfanwaith i'w gerddoriaeth. Mae albwm diweddaraf Gai, *Gwalia*, yn sicr yn cefnogi'r ddadl honno.

Ac os y dychwelwn at yr albyms sydd yn gymwys ar gyfer gwobr Albwm Cymraeg y Flwyddyn, mae'r un peth yn wir am sawl un o'r rheiny. Rhyddhawyd albyms gwych fel *Fforesteering* gan CaStLeS, *Adfeilion* gan The Gentle Good a *Bendith* gan Bendith yn y flwyddyn ddiwethaf, a'r hyn sy'n nodweddu'r casgliadau hyn i gyd yw'r hunaniaeth gref fel darnau o gelfyddyd.

Efallai nad oes dyfnder felly ond mae yna safon, a dyna'r peth pwysicaf. Hir oes i'r albwm.

# Y Glass yn Ffrwydro'n Dawel

Artist celf talentog, cyn-aelod The Pippettes, chwaer Gwenno, rydyn ni'n gwybod am Ani Saunders ers cryn amser, ond gellir dadlau mai 2017 oedd ei blwyddyn fawr hi, y flwyddyn lle camodd o gysgod ei chwaer a sefydlu ei hun go iawn. Wrth iddi ryddhau ei EP cyntaf, aeth Lois Gwenllian am sgwrs â'r gantores bop electronig o Gaerdydd ar gyfer rhifyn mis Mehefin o'r *Selar*.

'r rhai sydd â'u bys ar byls y sin gerddoriaeth yng Nghaerdydd, a cherddoriaeth o Gymru yn ehangach, bydd wyneb Ani Saunders yn gyfarwydd fel aelod nifer o fandiau, gan gynnwys The Lovely Wars a The Pipettes. Dyma'r tro cyntaf iddi ryddhau cerddoriaeth dan yr alias Ani Glass. Ymddengys i'r penderfyniad i ddefnyddio'r 'glass' ddeillio o ddiddordeb Ani yng nghymdeithas amgen Efrog Newydd, a'i hoffter o enw'r cyfansoddwr Americanaidd, Philip Glass – a hefyd "achos bod Ani Saunders yn boring".

*Ffrwydrad Tawel* yw enw ei EP cyntaf hirddisgwyliedig. Er y bydd ambell un wedi deall mai ar ôl arddangosfa o waith yr artist Ivor Davies y cafodd yr EP ei enwi, gellir priodoli ystyron eraill iddo. Nid gorddatgan fyddai dweud bod presenoldeb Ani ym maes cerddoriaeth Cymru wedi bod yn ffrwydro'n dawel ers tro. Nawr, mae'r tawelwch hwnnw ar fin torri.

Yn nhywyllwch cyfarwydd Clwb Ifor Bach lansiwyd yr EP, gyda chynulleidfa ddigonol yno i fwynhau synau pop electronig anghyfarwydd Ani Glass. Roedd ymdeimlad fod rhywbeth arbennig ar droed yno, neu anarferol yw'r gair efallai. Dyma gìg ar nos Sadwrn, yn un o sefydliadau cerddoriaeth fyw mwyaf eiconig y ddinas, lle mae merch (sy'n lansio ei record fer gyntaf) ar ben y lein-yp yn canu cerddoriaeth bop electronig, yn Gymraeg, ar ei phen ei hun. Anaml iawn y gwelwch chi hynny. Ychydig ddyddiau ar ôl gorfoledd lansio ffrwyth deunaw mis o waith, es i am beint efo Ani i'w holi hi ynglŷn â beth sy'n ei chymell i droedio'i llwybr ei hun.

"Cwpwl o bethe sy'n ysbrydoli fi i wneud e, ac isie ei wneud e fwy, yw yn gyntaf, does dim gymaint â 'ny o gerddoriaeth pop Cymraeg fi'n uniaethu gyda fe, a pan o'n i'n ifancach roedd e'r un peth. Roedd 'na gerddoriaeth Gymraeg dda, ond os ti yn dy arddege a dyw cerddoriaeth ddim yn taro gyda ti, ti ddim yn mynd i wrando ar gerddoriaeth

LLUNIAU: RHODRI BROOKS

Y GLASS YN FFRWYDRO'N DAWEL

Gymraeg. Felly cael mwy o gerddoriaeth pop yn Gymraeg yw un o'r pethe.

"Yn ail, sdim gymaint â 'ny o ferched yn gwneud stwff sy ddim yn roc neu'n werin. Eto, mae'r pethe sydd ar gael yn y *genres* yna'n ffantastig, ond do'n i ddim yn teimlo ei fod e wir yn adlewyrchu beth mae rhai pobl yn lico. Ac yn drydydd, fi isie ysbrydoli merched i wneud mwy o gerddoriaeth, a meddwl am syniadau newydd am sut i wneud cerddoriaeth. Ers fi'n gallu cofio, bechgyn â gitârs sydd wastad wedi cymryd drosodd y sin Gymraeg, a fi jyst isie cyfrannu at sin y merched."

## "SIN Y MERCHED"

Rwy'n chwilfrydig i wybod barn Ani am "sin y merched". Mae 'cydraddoldeb' yn air rydyn ni'n ei ddarllen yn ddyddiol, ac mae'r cyfryngau dan y lach byth a hefyd am yr anghydbwysedd rhwng y gynrychiolaeth o ferched a dynion mewn gwyliau cerddoriaeth er enghraifft. Ydy hi wedi teimlo effaith yr anghydbwysedd yma?

"Fi'n meddwl y teip o gerddoriaeth fi'n neud, fi'n cael fy rhoi gyda merched ta beth. Felly fi ddim yn gweld e o ddydd i ddydd. Ond, ie, fi 'di gweld *line-ups* rhai gwylie ac mae e'n dal i ddigwydd. Be fi'n trial gwneud yw, yn lle cwyno – a gallen i gwyno drwy'r dydd achos fi'n caru cwyno – am sefyllfaoedd fel hyn, fi jyst yn un person ychwanegol at y *mix*. Ma fe jyst am drial bod yn ymarferol am y probleme, neu'r anghyfiawndere hyn."

Yn rhifyn Mawrth *Y Selar* roedd Ani'n golofnydd gwadd, a soniodd am ddynion yn dod ati ar ôl gigs i gynnig tips ar sut i ddefnyddio'r offer electronig sy'n rhan mor ganolog o'i pherfformiadau. Holais hi ymhellach am y profiadau hyn, ac yn amlach na dim, cerddorion ydy'r unigolion sy'n dod i rannu eu 'harbenigedd' efo hi. Dywedodd fod yr ymddygiad "ddim yn gas, jyst yn uffernol o anghwrtais, ond dy'n nhw ddim yn gwybod eu bod nhw'n anghwrtais. Fi mor *shocked* fod pobl yn gallu bod mor hy, fi ddim yn gwybod sut i ymateb. Felly tro nesa mae'n digwydd, fi jyst yn mynd i ddweud, 'Aros funud, fydda i'n ôl nawr' a jyst cerdded i ffwrdd."

Pe bai rhywun eisiau siarad efo Ani ar ddiwedd gìg am ei hoffer, yna am rwyddineb ei defnydd hi ohono y dylai hynny fod. Nid ar chwarae bach mae dibynnu'n llwyr ar beiriant, nid band, mewn gìg. Mae angen canolbwyntio gant y cant drwy'r adeg. Pan welwch chi Ani'n perfformio, mae hi'n gwneud yn union hynny. Perfformio, a thrin ei hoffer yr un pryd.

"Mae 'di bod yn broses hir. Fi ddim yn naturiol yn berson technegol. Ond i fod yn gerddor electronig, mae'n ymarferol. Os ti isie bod mewn band dy hunan, a ti ddim isie chwarae gitâr, does dim lot o opsiyne gyda ti. Felly, mae jyst 'di bod yn fater o ymarfer ac ymarfer, a mynd ar nerfe pawb! Yna, ychwanegu pethe; peidio neud e'n rhy anodd i ddechre. I ddechre, fysen i ddim yn defnyddio gormod o offer, fysen i'n gwneud llai o ranne gwahanol. Wrth i ti deimlo'n fwy hyderus, alli di ychwanegu pethe. Hefyd, sgen ti ddim dewis mynd yn rhacs mewn gigs, achos nei di jyst cawlo pethe!"

Talodd yr holl ymarfer ar ei ganfed. Mae *Ffrwydrad Tawel* yn gasgliad hyderus, bachog ac amlhaenog o ganeuon sy'n mynnu sylw eich clustiau a thapiad eich troed. Mae'r trac agoriadol 'Y Newid' yn adeiladu'n araf nes cyrraedd ei uchafbwynt iwfforig, gan osod sylfaen gadarn i weddill yr EP. Yna, daw dihangfa 'Y Ddawns' – y sengl a ryddhawyd rai misoedd yn ôl – sy'n fflach fawr o hapusrwydd. Yn debyg iawn i'w theitl, mae 'Dal i Droi' yn dal i droi yn fy mhen ers dyddiau. Cyrhaedda'r EP ei anterth gyda 'Geiriau' o bosibl. Â'i churiad didrugaredd a sibrwd-ganu Ani, hon o bosibl yw'r gân sy'n dal enaid yr EP orau. Ceir saib fer o'r carnifal electronig ar 'Cân Hapus' sy'n fwy o glwstwr o synau na chân. Daw'r parti pop newydd i derfyn cadarn gyda 'Cariad Cudd'. I mi, hon oedd yn un o'r mwyaf cofiadwy o'r gig lansio, lle roedd rhwystredigaeth awgrymedig y recordiad yn amlygu'i hun ym mherfformiad Ani.

## CERDDORIAETH GYMRAEG

Nid yw Ani'n anghyfarwydd â gigio dros y ffin, mae hi eisoes wedi perfformio fel Ani Glass yn Llundain a Chaerfaddon eleni. O'i phrofiad hi, gofynnais sut mae hi'n teimlo am gael y label "cerddoriaeth Gymraeg" ac agwedd gyffredinol pobl o drin cerddoriaeth Gymraeg fel *genre* ar ei ben ei hun.

"Dwi'n credu ei bod hi wedi bod fel yna, bendant yn y gorffennol. Weithie fe gei di lwyfan Cymraeg mewn gwylie, felly dydy e ddim wir yn helpu ein hachos fel cenedl, achos ti'm yn denu cynulleidfaoedd Saesneg i mewn. Ond yn bersonol, fi braidd wedi gwneud gigs jyst Cymraeg, fi wedi cymysgu gyda bandie Saesneg. Dyw e jyst ddim yn gwneud gwahaniaeth. Fel Cymry Cymraeg, ry'n ni'n poeni'n fwy nag y mae pobl di-Gymraeg. Bydden i'n rhoi arian ar y peth, mae cynulleidfaoedd gymaint yn fwy soffistigedig nag y maen nhw'n cael *credit* am fod."

Dyma'r tro cyntaf i Ani ganu'n fwriadol yn Gymraeg. Beth wnaeth ei chymell hi?

"Fi 'di bod yn creu cerddoriaeth yn Lloegr, cyn The Lovely Wars, roeddwn i mewn dau fand yn Lloegr a doedd e [canu yn Gymraeg] ddim yn brofiad ges i. Wedyn ddes i'n ôl ac roedd pawb o 'ngwmpas i'n siarad Cymraeg - roedd e mor amlwg fy mod i **fod** i wneud cerddoriaeth Gymraeg. Mae 'di bod yn broses eitha hir. Fi'n eitha *self-conscious* a fi 'di bod yn poeni os ydyn nhw [y gynulleidfa Gymraeg] ddim ond yn hoffi *guitar bands*, dy'n nhw byth yn mynd i hoffi e. Wedyn, nes i weithio mas mai beth sy'n bwysig yw ei greu e, creu celfwaith. Os mai dy nod di yw bod pobl yn ei hoffi e, dim celf yw e wedyn."

Yn sicr, mae hi wedi llwyddo yn yr orchwyl o greu rhywbeth sy'n unigryw iddi hi. Teg dweud ei bod hi'n fwy na cherddor electronig - mae hi'n artist. Ym mhob dim mae hi'n ei greu, o'i ffotograffiaeth i'w darluniau (hi ddyluniodd glawr albwm *Dulog* gan Brigyn), mae'n tynnu eich sylw at rywbeth na fyddai wedi goglais eich chwilfrydedd. Mae'r un peth yn wir am yr EP. Yn y casgliad hwn, ceir delweddau dinesig a thywyll ei gwaith ffotograffiaeth, wedi'i gymysgu â thasgiad go helaeth o guriadau mor lliwgar â'i gwaith celf, gyda phinsiad o wleidyddiaeth (os hoffech chi), i greu cybolfa gerddorol, arallfydol ar adegau.

Trwy hyn oll, mae Ani yn driw i'w llais, i'w dinas ac iddi hi ei hun. Boed i chi hoffi *Ffrwydrad Tawel* neu ddim, un peth sy'n sicr, mae Ani Glass yn chwa o awyr iach mewn stafell sy'n dechrau llethu ei thrigolion.

## Cwestiynau cyflym – Ani saunders

Gìg orau i ti chwarae ynddi yn 2017:
'Nes i wir fwynhau chware yn Tafwyl eleni ond y gìg ore fi'n credu o'dd lansiad fy EP yng Nghlwb Ifor Bach 'nôl ym mis Ebrill.

Gìg/set orau i ti weld gan artist Cymraeg arall yn 2017:
Twinfield yng ngŵyl From Now On yng Nghaerdydd ym mis Mai.

Band newydd sydd wedi dal dy lygad:
Twinfield (yn amlwg), fi hefyd yn hoff iawn o ferched Adwaith - mae eu hagwedd yn hollol *spot-on*! Er mai dim ond un gân dwi wedi ei chlywed, mae gen i ddiddordeb mawr mewn gweld be fydd Serol Serol yn neud nesa.

Hoff record Gymraeg yn 2017:
Dwi wedi chware sawl gìg gyda CaStLeS a dwi wrth fy modd gyda nhw a'u record. Ma nhw'n fand ac yn fechgyn gwych.

Hoff gân o 2017:
Omaloma – 'Aros o Gwmpas'.

Tro trwstan mwya i ti yn 2017:
Teithio i, ac ar draws, maes Gŵyl Rhif 6 ('nes i fwynhau'r gìg ei hun!), y glaw a gollwng hot dog ar y llawr. :(

Gobeithion i'r sîn yn 2018:
Mwy o ferched yn cymryd rôl flaenllaw mewn cynhyrchu cerddoriaeth.

# Artistiaid Newydd y Sin

Un peth sydd wedi bod yn gyson iawn dros y blynyddoedd diwethaf ydy safon uchel y bandiau a'r artistiaid newydd sydd wedi ymddangos ar lwyfannau Cymru. Ie, cymysg fu llwyddiant enillwyr Brwydr y Bandiau dros y blynyddoedd efallai, ond mae llinell ffatri'r sin gerddoriaeth Gymraeg gyfoes wedi parhau'n gynhyrchiol iawn ac rydyn ni'n ffodus iawn o'r talent sydd wedi dod oddi arni'n ddiweddar.

Dyma gip ar rai o artistiaid newydd mwyaf cyffrous y cyfnod diwethaf – enwau, os nad ydych chi eisoes yn gyfarwydd â nhw, y dylech chi gadw llygad arnynt yn ôl cyfranwyr *Y Selar*.

## Eädyth

Reit, cystal i ni ddweud hyn yn syth – mae Eädyth, neu Eady Crawford, yn chwaer i Kizzy Crawford. A dyna hynny allan o'r ffordd!

Prosiect Eady a Sam Humphreys, o'r band gwerin Calan, ydy Eädyth, ac maen nhw'n arbrofi gyda synau electronig a drwm a bas sy'n reit wahanol i unrhyw beth arall yn y Gymraeg ar hyn o bryd. Er eu bod wrthi'n arbrofi ers 2014, 2017 ydy'r flwyddyn y daeth Eädyth i amlygrwydd heb os, gan gigio'n rheolaidd mewn gwyliau fel Focus Wales, Eisteddfod yr Urdd, Gŵyl Arall a Tafwyl. Roedd hefyd yn un o'r 6 band i gyrraedd ffeinal Brwydr y Bandiau Eisteddfod Môn.

Yr hyn sydd wedi dal fy sylw am Eädyth ydy ei pharodrwydd i gigio cymaint â phosib, ond hefyd y ffaith nad oes ganddi ofn arbrofi gyda'i cherddoriaeth. Dwi'n credu bod y llwyfan yn gallu bod yn lle unig, ac eithaf ofnus, i artist electronig heb gitâr i guddio tu ôl iddo na band yn gefnogaeth ond does dim i'w weld yn dychryn Eady.

Y peth mwyaf cyffrous ydy'r ffaith ei bod yn dal i arbrofi gyda'i sŵn ar hyn o bryd, ac yn chwilio am yr hyn sy'n gweithio iddi hi. Unwaith y bydd hi wedi hoelio'r sŵn hwnnw, go brin y bydd unrhyw beth yn gallu ei hatal.

**OWAIN SCHIAVONE**

## Ffracas

Yn bersonol, dwi'n meddwl bod Ffracas yn un o'r bandiau 'ne sydd wedi serennu o'r cychwyn. Byth ers gwrando ar 'Fi Di'r Byd' am y tro cyntaf, a chyffroi oherwydd eu bod nhw'n fy atgoffa o stwff cynnar Big Leaves, dyma griw o gerddorion sy'n sicr wedi dal fy sylw dros y flwyddyn gerddorol a fu.

Ar ben y ffaith eu bod wedi gadael Gwobrau'r Selar gyda dwy wobr eleni, yr hyn dwi'n ei hoffi fwya am y band ydy'r ffaith eu bod nhw'n credu yn yr hyn y maent yn ei gyflawni. Does dim ofn arbrofi arnyn nhw, ac mae hynny'n beth gwych, gan eu bod yn llwyddo i gynnig rhywbeth sy'n ffres a chyffrous i'r sin gerddoriaeth yng Nghymru.

Dros yr haf, rhyddhawyd eu EP *Mae'r nos yn glos ond does dim ffos rhwngtha ni*, a gyda'r sain tipyn yn drymach na chynnyrch cynharach y band, y mae'n amlwg i mi fod y gallu i ddatblygu'n gerddorol yn dod yn naturiol iddynt.

Ma Ffracas wir yn dda, a gallaf eu gweld yn datblygu i fod yn un o fandiau mwyaf blaenllaw'r genedl ymhen dim amser. Gwyliwch y gofod.
**IFAN PRYS**

## Adwaith

Un o'r bandiau hynny a dynnodd y mwyaf o sylw eleni oedd Adwaith. Yn dilyn trafodaeth bwysig am ddiffyg merched yn y sin, daeth y band o Gaerfyrddin i chwalu hynny'n llwyr. Mae unrhyw fand sydd yn derbyn cefnogaeth gan label Libertino yn fand lwcus iawn, ac mae Adwaith yn sicr o fod un yn o'u hallforion mwyaf trawiadol.

Maent yn dal i chwilio am eu sain unigryw eu hunain, ond mae'r hyn

sydd gan y dair i'w ddweud am y byd yn chwa o awyr iach. Mae caneuon fel 'Haul', 'Femme' a 'Lipstic Coch' yn rai o ffefrynnau dilynwyr amgen y sin yn barod, ac mae Dave Datblygu (neb llai) wedi datgan yn gyhoeddus ei fod yn un o'r rheiny.

Heb os, mae'r sin yn disgwyl yn eiddgar am yr hyn fydd gan Gwenllian, Hollie a Heledd i'w gynnig yn 2018.

**GETHIN GRIFFITHS**

## Gwilym

Teg ydy dweud bod rhywbeth yn y dŵr yng Ngogledd Cymru, oherwydd dyma i chi fand newydd sy'n hanu o Wynedd a Môn ac ar fin gwneud eu marc ar y sin roc Gymraeg.

Mi gychwynnodd Gwilym yn wreiddiol fel rhan o brosiect unigol Ifan Pritchard o Fôn, ond mae Gwilym bellach wedi datblygu i fod yn bedwarawd o dalent cerddorol gwreiddiol gyda help Rhys, Llŷr a Llew. Mae'r band wedi cael llwyddiant yn barod, gyda'u senglau cyntaf, a 'Llechan Lân' yn benodol, sydd eisoes wedi bod yn drac yr wythnos ar Radio Cymru.

Cafodd y sengl ei dilyn gan ail gân wreiddiol, 'Llyfr Gwag', gyda'r ddwy'n cyd-fynd i gyfleu sŵn indi, bachog i'r band. Daeth Gwilym yn ail yng nghystadleuaeth Brwydr y Bandiau eleni, gan berfformio o flaen torf fawr o bobl ifanc egnïol ar faes Eisteddfod Môn.

Erbyn hyn, mae'r band wrthi'n recordio cynnyrch ar label Côsh hefo Yws Gwynedd ac yn gobeithio rhyddhau record hir erbyn yr haf flwyddyn nesa. Yn gyfuniad o dalentau ifanc a synau hafaidd ffres, dyma i chi fand sy'n bendant am blesio. A heb os nac oni bai, mae dyfodol cyffrous i Gwilym.

**MEGAN TOMOS**

## Mosco

Dwi'n cofio gwrando ar Mosco y tro cyntaf wrth i fy mrawd Aled Jones (gitarydd Mosco) ddangos trac roedd y band wedi ei recordio fel demo sydyn. Y gân honno oedd 'Aros' ac mi wnaeth fy machu'n syth wrth glywed y riff sy'n cael ei ailadrodd drwyddi. I mi roedd hyn yn arwydd da wrthi iddi greu argraff er ei bod wedi ei recordio heb eiriau.

Y tro cyntaf i mi weld Mosco yn fyw oedd yn Aberystwyth ar ôl i ni (Alffa) wneud set cyn y band. Roedd o'n amlwg nad fi'n unig oedd wedi fy machu gan y demos gan fod 'na dorf go lew wedi dod yno i'w gwylio. Ac wrth i'r band barhau gyda'r set roedd y riffs bachog yn denu mwy a mwy o bobl ac roedd yna ddigon o ymateb gan y dorf.

Y tro diwethaf i mi weld Mosco oedd ar Lwyfan y Maes yn y Steddfod Genedlaethol fel rhan o rownd derfynol Brwydr y Bandiau. Dwi'n cofio bod yn nerfus iawn wrth eistedd yn eu gwylio gan eu bod nhw mor dda, ac mor dynn. Hwn roedd y tro cyntaf i'r band chwarae ar lwyfan mawr ac yn bendant roedden nhw'n ei haeddu. Roedd yna berfformiad llawer mwy aeddfed gan y band ac roedden nhw'n llenwi'r llwyfan a rhoi uffar' o sioe ymlaen. Yn bersonol roeddwn yn teimlo'n reit falch o weld y band ar lwyfan mawr ac yn mwynhau eu hunain... rhai yn mwynhau mwy nag eraill wrth i Gwern, y drymiwr, dorri tri stic gwahanol!

Felly os dach chi'n hoffi bandiau fel Catfish and The Bottlemen, Arctic Monkeys ac elfennau o gerddoriaeth Jimi Hendrix, hwn ydy'r band i chi. O ran grwpiau Cymraeg, byddwn yn eu disgrifio fel cymysgedd o Sŵnami a Candelas.

Dros y blynyddoedd nesa dwi'n gobeithio caiff Mosco ddyfodol arbennig a'r cyfle i chwarae ar lwyfannau mawr y wlad. Dylai pawb ddarganfod y gerddoriaeth wych sydd gan Mosco i'w gynnig.
**Dion Jones**

## Los Blancos

Dyma chi un o'r clwstwr o fandiau newydd cyffrous sydd wedi ymddangos yn ardal Caerfyrddin dros y flwyddyn neu ddwy ddiwethaf.

Fel nifer o'r clwstwr, mae Los Blancos yn gweithio'r agos â label Libertino, ac yn cynnwys pedwar aelod, sef Dewi Jones (bas), Gwyn Rosser (llais a gitâr), Osian Owen (gitâr) ac Emyr Siôn (drymiau). Bydd dau o'r aelodau yn gyfarwydd i lawer sy'n dilyn y sin fel aelodau o'r band blŵs Tymbal, ac yn fwy diweddar y band ARGRPH.

Mae sain amrwd adnabyddus Tymbal i'w glywed yn sengl gyntaf y band sydd wedi creu argraff ar y sin yn barod. Enghraifft o gân pync yw 'Mae'n Anodd Deffro Un', sengl gyntaf Los Blancos sy'n rhoi rhagflas o sain Slacker Punk y band.

Maent eisoes wedi creu tipyn o argraff wrth berfformio'n fyw, gydag Y Parot yng Nghaerfyrddin yn gyrchfan reolaidd, ond gan hefyd greu argraff ar lwyfannau amlwg Clwb Ifor Bach, llwyfan perfformio Eisteddfod yr Urdd ym Mhencoed a Chaffi Maes B ym Môn eleni.

Dwi'n edrych ymlaen at glywed mwy o gerddoriaeth gan y band newydd cyffrous yma, sy'n cynnig sŵn ychydig yn wahanol i'r sin.
**RHYS TOMOS**

## Alffa

Mae 'na rai rhinweddau dwi'n hoffi gweld mewn bandiau ifanc – brwdfrydedd, gwaith caled, parodrwydd i gigio cymaint â phosib. Ydy, wrth gwrs bod y gerddoriaeth yn bwysig, ond mae modd gweithio ar hynny (wele Candelas ac Y Bandana), tra bod y rhinweddau eraill yma'n anodd eu meithrin.

Dyma'r union rinweddau oedd yn amlwg yn Alffa o'r foment gyntaf i mi ddod i gysylltiad â nhw tua dechrau 2016. Deuawd ifanc, hynod frwdfrydig ynglŷn â'u cerddoriaeth, sy'n awyddus i gigio cymaint â phosib a gweithio'n galed ar eu crefft. A thros y ddwy flynedd ers i Alffa ddod ar y radar i mi, dwi wedi eu gweld yn aeddfedu fel band ac yn datblygu'n gerddorol.

Dyna pam roeddwn mor falch i glywed mai nhw oedd wedi cipio teitl Brwydr y Bandiau ar faes y Steddfod Genedlaethol ym Môn eleni, a hynny mewn rownd derfynol uchel iawn ei safon. Dwi wedi bod yn amheus o werth Brwydr y Bandiau wrth ddatblygu talentau ifanc yn y gorffennol – wedi'r cyfan, mae sawl enillydd blaenorol wedi diflannu i ebargofiant. Ond y gwir amdani ydy bod Brwydr y Bandiau'n cynnig cyfleoedd ardderchog, dim ond i'r enillwyr fanteisio ar y cyfleodd hynny. Mae Chroma wedi achub ar bob cyfle sydd wedi dod i'w cyfeiriad ers ennill yn 2016, a dwi'n hollol ffyddiog y bydd Alffa'n dilyn eu hesiampl, ac efallai manteisio hyd yn oed yn fwy.

Roedd 2017 yn flwyddyn fawr i Alffa, ond dwi'n fodlon mentro dweud y bydd 2018 yn flwyddyn fwy fyth i Dion a Sion.
**OWAIN SCHIAVONE**

# Pump Uchaf Ochr 1

Ers rhai blynyddoedd bellach, *Ochr 1* ydy'r rhaglen sydd wedi bod yn cynrychioli'r sin gerddoriaeth Gymraeg gyfoes ar ein sgriniau bach – boed yn deledu, gyfrifiadur neu ddyfais symudol arall. Job dda maen nhw'n ei wneud ohoni hefyd, gyda fideos a sesiynau stiwdio rheolaidd sy'n adlewyrchu amrywiaeth canu cyfoes yng Nghymru ar hyn o bryd. I roi blas o'r hyn sydd wedi bod ar y gweill dros y cyfnod diweddaraf, mae cyflwynydd *Ochr 1*, Griff Lynch, wedi dewis ei bump hoff fideo neu sesiwn o 2017 ar gyfer *Llyfr Y Selar*.

Mae'n rhaid dweud ei bod hi'n fraint cael gweithio gyda deunydd newydd cyffrous Cymraeg, ar adeg lle ma 'na gerddoriaeth amgen wych yn cael ei gynhyrchu. Dyma restr o'r caneuon a fideos ar *Ochr 1* sydd wedi codi rhyw fath o gynnwrf ynof i dros y misoedd diwethaf ac sy'n werth eu gweld os nad ydych eisoes wedi cael cip arnyn nhw.

## 5 WH Dyfodol 'Caru Gwaith (Dim y Life)'

Dwi isio cynnwys hon yn y rhestr gan ei bod hi'n diwn ffantastig, ond fedra i'm ei rhoi hi'n rhif 1 gan mai fi wnaeth gynhyrchu'r fideo ar ei chyfer! Ma'r deunydd gweledol wedi ei saethu ar hen recordiwr VHS yng Nghaerdydd, neu wedi ei gymryd o hen dâp priodas ddois i

ar ei draws ar eBay. Braf cael Y Pencadlys [prosiect arall Haydon Hughes sy'n gyfrifol am WH Dyfodol] 'nôl ar y sin ar ei newydd wedd.

### 4 Omaloma 'Eniwe'

Sesiwn grêt gan y band 'nôl yn yr haf, a dyma un o diwns y tymor hefyd. Ma'n werth gwylio'r sesiwn yma gan fod y sŵn byw mor wahanol i sut ma'n swnio ar y record. Mae'r *bassline* yn un i'w drysori 'fyd.

### 3 CaStLeS 'Tynnu Tuag at y Diffeithwch'

Does 'na ddim un band sy'n swnio fel CaStLeS ar hyn o bryd, ac maen nhw'n brofiad byw dawnsiadwy hefyd! Ma'r fideo yma gan Eilir Pierce yn cyfuno'r effaith VHS efo Green Screen, a'r canlyniad ydy teithio 'nôl mewn amser i tua 1994...

### 2 Ffracas 'Carrots' (Maes B yn fyw)

Ifanc. Cŵl. Tyn. Gobeithio'n wir y gwneith y band yma sticio iddi achos maen nhw wir yn dda, ac roedd eu perfformiad ym Maes B eleni yn dangos eu bod nhw'n aeddfed tu hwnt am eu hoedran. 'Carrots' yn sicr ydy cân gryfa'r EP ddiweddaraf, *Mae'r nos yn glos ond does dim ffos rhwngtha ni*.

### 1 Pasta Hull 'Jam Heb Siwgwr'

Heb os, y sesiwn orau i mi ei gweld yn cael ei recordio eleni. Doeddwn i ddim yn siŵr be i feddwl cyn i'r band ddod i mewn a chysidro na'r unig *reference* oedd gen i cyn hynny oedd fideos Llyr Mental ar YouTube o tua 2010. Ond ma'r gân yma'n wledd seicedelig i'r clustiau, fel rhywbeth sy'n syth allan o sesiynau cynharaf y Super Furry Animals.

# Yr Eira'n Toddi

Un o fandiau prysura 2017 heb os oedd Yr Eira. Rhyddhawyd eu halbwm cyntaf ar label I Ka Ching ym mis Gorffennaf, maen nhw wedi gigio'n gyson, ac fe gawson nhw gyfle i agor Gìg Mawr y Pafiliwn ar nos Iau'r Steddfod Genedlaethol. Yng nghanol penwythnos prysur o gigio yng Nghaernarfon a Llangrannog ddechrau'r haf fe lwyddodd Owain Gruffudd i ddal y prif ganwr, Lewys, am sgwrs.

Hawdd meddwl am Yr Eira fel 'band senglau'. Maen nhw wedi cynhyrchu llu o ganeuon cofiadwy – o 'Elin' i 'Ewyn Gwyn', o 'Trysor' i 'Walk on Water' – ac mae ganddyn nhw'r talent 'na i ysgrifennu caneuon sydd yn gwneud i'r dorf ganu pob gair.

Mae hi wedi bod yn flwyddyn o newid ar fwy nag un lefel i Lewys Wyn, prif leisydd y band, ac mae'r newid yna'n cael ei adlewyrchu wrth i'r band newid gêr a rhyddhau eu halbwm cyntaf, *Toddi*.

"Mae'r albwm yn adlewyrchu sut 'dan ni wedi bod yn ysgrifennu caneuon dros y ddwy flynedd ddiwethaf," meddai Lewys.

"Mae 'na ryw dair blynedd 'di mynd heibio ers rhyddhau'r EP, *Colli Cwsg*, ond mae sŵn a themâu'r albwm yn fwy o ddilyniant o'r senglau 'dan ni wedi rhyddhau ers hynny, 'Walk on Water' a 'Suddo'. Dwi'n licio meddwl bod o'n albwm hollol wahanol i'r hyn mae bandiau Cymraeg 'di neud yn y gorffennol, er bod 'na elfennau pop ar adegau.

"'Dan ni wedi apelio at gynulleidfa ifanc yn y gorffennol, ond 'dan ni 'di aeddfedu fel band felly dwi'n meddwl falla bydd *Toddi* yn apelio at griw hŷn. Mae hi sicr yn ymdrech gydwybodol i geisio dilyn trywydd gwahanol i fandiau fel Sŵnami ac Yws Gwynedd.

"Mi oeddan ni'n mwynhau gweithio hefo Rich Roberts, sy'n cynhyrchu'r ddau fand yna hefyd, ond er mwyn mynd ar ôl sŵn mwy unigryw a gadael y 'cylch' yna, roedd rhaid mynd at rywun gwahanol, a dyna oedd y penderfyniad mwyaf oedd rhaid i ni ei wneud i newid trywydd y sŵn.

"Dwi'n meddwl bod lot o'r cymariaethau i wneud efo'r ffaith bo' ni heb ryddhau llawer o ganeuon newydd yn ddiweddar. Oedd yr EP yn boblogaidd efo'r gynulleidfa sydd hefyd yn mwynhau Yws a Sŵnami, dwi'n meddwl fod pobl 'di rhoi'r label 'na arnon ni. Tasan nhw'n dod i'n gweld ni'n fyw a gwrando ar y cynnyrch diweddaraf, dwi'n meddwl bysa hynny'n newid eu meddyliau nhw."

### Setlo ar Steff

Ar gyfer yr albwm hwn, fe aeth y band i weithio efo cynhyrchydd newydd, Steffan Pringle, sydd wedi gweithio gydag Estrons a Houdini Dax yn y gorffennol.

Teimla Lewys fod newid cynhyrchydd wedi datblygu sŵn y band, ac mae'n falch fod y penderfyniad yn cadw'r cynnyrch yn ffres.

"'Dan ni'n gwrando lot ar fiwsig cyfoes felly mae'n naturiol bod ein cerddoriaeth ni'n newid i gyfeiriad tebyg i'r hyn ti'n ei glywed yn y sin Eingl-Americanaidd.

"'Dan ni gyd 'di pasio'r cyfnod 'na o wrando ar fandiau indi, ond dwi wedi bod yn gwrando dipyn ar fandiau sydd yn arbrofi efo gitârs yn ddiweddar, fatha LCD Soundsystem, The Lemon Twigs a Temples.

"Mae 'na ystod ac amrywiaeth eang o synau ar yr albwm, a dwi'n meddwl ei fod o'n gweithio'n well yn ei gyfanrwydd na fel casgliad o ganeuon unigol. Mae'r sŵn ei hun yn eithaf amrwd, ond mi oeddan ni'n arbrofi lot efo gwahanol bedalau.

"Anaml iawn fysan ni gyd yn yr un ystafell yn cyfansoddi. Fel arfer, fe wna i ddod â cords neu hadyn cân i ymarfer cyn i bawb arall roi syniadau fewn i'w datblygu. Mae hi'n anodd ysgrifennu deg cân ar dy liwt dy hun, felly ma hi'n hanfodol cael dylanwad aelodau eraill y band.

"Ers rhyddhau'r EP, 'dan ni 'di gweithio efo gwahanol gynhyrchwyr fel Llŷr Pari a Claudius Mittendorfer, sydd hefyd wedi

gweithio hefo bandiau fel Arctic Monkeys, Temples, Johnny Marr a Paul Simon, cyn i ni setlo a phenderfynu gweithio hefo Steff.

"Oedd mynd i weithio hefo Steff yn gambl llwyr ar ein rhan ni. Oeddan ni'n ymwybodol ei fod o wedi gweithio ar albyms Houdini Dax ac Estrons, sy'n wahanol iawn i'n stwff ni.

"Y dylanwad mwyaf ma Steff 'di cael ydy'r sŵn. Mae o 'di chwara mewn bandiau eithaf trwm, ac mae ei ddylanwad o i'w glywed – mae o'n codi'r *distortion* mewn ambell gân, lle fysan ni ddim wedi gwneud hynny ein hunain.

"'Dan ni dal 'di bod yn chwilio am y sŵn oeddan ni isio, a dwi'n meddwl bod o'n hanfodol i fandiau arbrofi hefo synau a chynhyrchwyr gwahanol.

"Dwi'm yn gweld bai ar fandiau sy'n aros efo'r hyn sydd yn gyfforddus iddyn nhw, ond os wyt ti isio datblygu ac amrywio dy sŵn a llwyddo i ddal gafael ar gynnwrf cynulleidfa, mae'n rhaid ti fod yn agored i weithio efo pobl wahanol.

"Ti'n sbio ar fand fel Radiohead, oedd yn y 90au yn fand fwy *grunge* neu pync, ond bellach yn lot fwy arbrofol, dyna'n union be dwi'n mwynhau mewn bandiau."

**Lawr yn y Ddinas**
Ers rhyddhau'r EP *Colli Cwsg* mae Lewys wedi gadael y brifysgol yn Aberystwyth gyda gradd mewn Gwleidyddiaeth a Hanes, ac mae bellach yn byw yng Nghaerdydd. Mae'r cyfnod yma o newid wedi cael dylanwad mawr ar themâu'r albwm ac mae'r darlun o bilipala ar glawr y record yn arwyddocaol.

"Mae'r albwm yn adlewyrchu rhyw fath o newid, a dyna oedd y briff i'r cynllunydd, Celt Iwan, pan oeddan ni'n trio sortio'r gwaith celf.

"Dwi'n licio osgoi bod yn rhy amlwg mewn caneuon, a ma 'na nifer o adegau lle mae gan bobl syniadau a diffiniad gwahanol i'n caneuon ni i'r hyn sydd yn fy mhen i. Dwi'n licio bod yn amwys.

"Mae astudio cwrs mewn gwleidyddiaeth wedi cael dylanwad cryf arna i, ond dwi'm yn dueddol o fynd at y llyfr geiriau hefo'r bwriad o ysgrifennu cân wleidyddol neu brotest yn benodol, ond dyna sut mae gradd mewn gwleidyddiaeth wedi dylanwadu arna i. Alla i fynd ati i feddwl neu drafod gwleidyddiaeth heb drio, fel petai o yn fy isymwybod i.

"Er enghraifft, yn y gân 'Diflannu' dwi'n sôn am fwrlwm haf diwethaf, yr Ewros yn Ffrainc, ond yn wahanol i'r disgwyl, oedd 'na gyfnod lle oeddan ni ddim yn dathlu ond yn meddwl am y gost o bleidleisio i adael yr Undeb Ewropeaidd."

Y sialens rŵan, yn ôl Lewys, ydy gwneud yn siŵr fod y caneuon newydd yn gweddu ar lwyfan. Mae creu argraff yn fyw yn bwysig i'r band.

Un o uchafbwyntiau yr haf fydd ymddangos yn y pafiliwn, cyfle unigryw i weithio gyda cherddorfa, ac mae Lewys yn edrych ymlaen at ymddangos ar brif lwyfan yr Eisteddfod, o'r diwedd!

"Wrth gwrs, ma bod mewn band i neud lot efo'r hyn ti'n ei ryddhau, ond yr hanner arall ydy be ti'n ei ddarparu ar lwyfan. Mae rhoi sioe yn rhywbeth hanfodol ma'n rhaid i ti feddwl amdano fo. Mae'n rhaid i ti ddiddanu'r gynulleidfa, a dwi'm yn meddwl bod digon o fandiau'n gwneud hynny. Dyna pam 'dan ni'n licio ychwanegu *intros* a rhannau offerynnol i'w gwneud hi'n sioe fwy diddorol.

"Rhan fwyaf o'r albwm fyddwn ni'n chwara yn y Pafiliwn, efo ambell hen un hefyd. 'Dan ni 'di bod yn trafod lot hefo Owain Llwyd pa ganeuon fysa'n gweithio orau hefo'r gerddorfa.

"Dwi'n edrych ymlaen at glywed be fydd gin y gerddorfa i'w gynnig. Dwi'n meddwl bydd 'na gymysgedd, lle fydd y gerddorfa yn fwy naturiol mewn rhai caneuon, ac yn fwy trawiadol mewn rhai eraill.

"Dwi'm yn meddwl 'mod i rioed 'di bod ar lwyfan yr Eisteddfod Genedlaethol yn perfformio. 'Nes i drio efo'r cornet, ond ges i'm llwyfan, felly ga i fyw breuddwyd!"

# Cwestiynau Cyflym – Lewys Wyn

**Gìg orau i chwarae:**
Anodd dewis – gigs diweddar megis Gŵyl Rhif 6 a Gìg y Pafiliwn yn glir yn y cof.

**Gìg orau i ti weld gan fand Cymraeg:**
Anodd dewis – gigs diweddar megis Gŵyl Rhif 6 a Gìg y Pafiliwn yn rai amlwg.

**Band newydd sydd wedi dal dy lygad:**
Alffa

**Hoff record Gymraeg 2017:**
*Mae'r nos yn glos ond does dim ffos rhwngtha ni* – Ffracas

**Hoff gân o 2017:**
'Cadwyni' – Serol Serol

**Tro trwstan:**
Hmmm peth mwya roc a rôl …. os 'di hynna'n ffitio dan y categori tro trwstan … ydy nathon ni benderfynu mynd cefn llwyfan yn T in the Park i weld pwy o'dd o gwmpas, a darfod fyny'n yfad rider The Libertines a chwalu eu *dressing room* nhw ar ôl ca'l bach gormod i yfad, a wedyn cyfarfod Pete Doherty tu allan.

**Gobeithion 2018:**
Mwy o'r un peth dwi'n meddwl. 'Swn i'n licio gweld mwya o gigs dwyieithog, fel bod bandiau Cymraeg a Saesneg yn cymysgu yn hytrach na bod bandiau Cymraeg yn cael eu gwthio i un ochr.

# Gair i gloi...

Efallai eich bod chi wedi clywed hyn sawl gwaith yn ddiweddar, ond rydan ni wir yn byw mewn cyfnod cyffrous iawn o safbwynt cerddoriaeth Gymraeg gyfoes.

Fydda i fyth yn blino ar ddweud hyn gan fy mod i'n ddigon hen, a digon hyll, i fod wedi profi sawl cyfnod digon llwm dros y blynyddoedd.

Nid yn unig bod ein cerddoriaeth mor amrywiol ac uchel ei safon, mae gennym hefyd lwyth o labeli bach bywiog sydd ar dân i hyrwyddo'r gerddoriaeth yma. Mae dal digon o gwyno am ddiffyg gigs, ac ym marn *Y Selar* does dim modd cael gormod o lwyfannau byw, ond os edrychwch chi'n ddigon caled a darllen Pump i'r Penwythnos ar wefan Y Selar bob dydd Gwener, fe fyddwch chi'n gweld bod cryn dipyn yn digwydd.

Jyst ystyriwch rai o'r pethau sydd wedi digwydd dros y flwyddyn i ddeunaw mis diwethaf:

- Dwy gìg anhygoel ym Mhafiliwn yr Eisteddfod Genedlaethol yn gwerthu allan.
- Gìg nos Sadwrn Maes B Steddfod Môn yn denu mwy o gynulleidfa nag erioed o'r blaen.
- Fideos 'Sebona Fi' Yws Gwynedd, a 'Rhedeg i Paris' Candelas yn cael eu gwylio dros 100,000 o weithiau ar YouTube.
- Dros 1000 o bobl yn dod i Wobrau'r Selar am y drydedd flwyddyn yn olynol.
- Artistiaid fel Gwenno, Plu a Calan yn mynd â cherddoriaeth Gymraeg i bob rhan o'r byd.
- Label o'r Almaen yn rhyddhau casgliad gan artist Cymraeg amgen, Malcolm Neon, a gafodd ei anwybyddu i bob pwrpas yng Nghymru ar ddechrau'r 1980au.

Dim ond rhai esiamplau ydy'r rhain o gerddoriaeth Gymraeg gyfoes yn torri tir newydd, a does dim amheuaeth y gwelwn fwy o esiamplau fel hyn yn y cyfnod nesaf.

A ninnau'n byw mewn cyfnod cerddorol mor ddifyr, mae *Y Selar* yn ystyried ein cyfrifoldeb i roi llwyfan gorau posib i'r sin yn un pwysig, a gobeithio bod y gyfrol hon yn llwyfan newydd, ac yn gofnod teilwng o'r cyffro sy'n byrlymu o'n cwmpas ar hyn o bryd.

Ond cofiwch, un peth rydym yn eich atgoffa ohono'n rheolaidd... heb gynulleidfa, does dim sin. Felly lawrlwythwch, prynwch recordiau, gwrandewch ar raglenni a phodlediadau, ewch i gigs a siaradwch am gerddoriaeth Gymraeg mor aml â phosib. Eich cyfraniad chi i'r sin ydy'r un pwysicaf oll.

**OWAIN SCHIAVONE**
**Uwch-olygydd *Y Selar***